# Creación de cartas y menús. HOTR0012

**Antonio Caro Sánchez-Lafuente**

**ic** editorial

**Creación de cartas y menús. HOTR0012**
© Antonio Caro Sánchez-Lafuente

1ª Edición

© IC Editorial, 2024

Editado por: IC Editorial
c/ Cueva de Viera, 2, Local 3
Centro Negocios CADI
29200 Antequera (Málaga)
Teléfono: 952 70 60 04
Fax: 952 84 55 03
Correo electrónico: iceditorial@iceditorial.com
Internet: www.iceditorial.com

ISBN: 978-84-1184-343-0
Depósito Legal: MA 2043-2024

Impresión: PODiPrint
Impreso en Andalucía – España

Nota de la editorial: IC Editorial pertenece a Innovación y Cualificación S. L.

# Especialidad formativa

Se entiende por especialidad formativa la agrupación de contenidos, competencias profesionales y especificaciones técnicas que responde a un conjunto de actividades de trabajo enmarcadas en una fase del proceso de producción y con funciones afines.

Las especialidades formativas de Uso General, Formación Complementaria, Formación Modular y las especialidades formativas dirigidas a la obtención de certificados de profesionalidad se incluyen en el Fichero de Especialidades del Servicio Público de Empleo Estatal para su gestión en todo el territorio nacional por cualquier Administración competente.

Las especialidades complementarias, pertenecen todas a la Familia profesional de Formación Complementaria (FCO) y tienen la consideración de formación transversal en áreas que se consideran prioritarias tanto en el marco de la Estrategia Europea para el Empleo y del Sistema Nacional de Empleo como en las directrices establecidas por la Unión Europea. Se consideran áreas prioritarias las relativas a tecnologías de la información y la comunicación, la prevención de riesgos laborales, la sensibilización en medio ambiente, la promoción de la igualdad, la orientación profesional y aquellas otras que se establezcan por la Administración competente.

Las especialidades de Certificado de profesionalidad tienen una duración especificada en su normativa reguladora.

En el resultado de la búsqueda, se muestran las unidades de competencia, todos los módulos formativos con su duración y las unidades formativas del certificado correspondiente, con su duración. Las horas del certificado, exclusivo de las especialidades de certificado de profesionalidad, con alta igual o superior a 2008, son las horas totales más las horas del módulo de Prácticas Profesionales no Laborales.

➲ **Si la especialidad tiene unidades formativas,** las horas totales, presencial, distancia, teleformación serán igual a la suma de esas horas de las unidades formativas de los distintos módulos, sin que se repita ninguna Unidad formativa.

- ⮕ **Si la especialidad no tiene unidades formativas,** las horas totales, presencial, distancia, teleformación serán igual a las sumas de esas horas de los módulos formativos, eliminando las horas de los módulos repetidos.

https://sede.sepe.gob.es/especialidadesformativas/RXBuscadorEFRED/BusquedaEspecialidades.do

(Fuente: Servicio Público de Empleo Estatal)

# Índice

## OBJETIVOS GENERALES

Los objetivos generales del **HOTR0012. Creación de cartas y menús,** son los siguientes:

- ⮑ Diseñar cartas y elaborar menús en función de las distintas variables que se deben tener en cuenta, considerando la política de precios y rentabilidad.
- ⮑ Conocer los tipos de empresas de restauración y sus ofertas gastronómicas.
- ⮑ Conocer los criterios gastronómicos, dietéticos y organizativos a tener presentes en la creación de las cartas y menús.
- ⮑ Diseñar cartas de vinos, elaborar menús especiales para eventos y conjugar un correcto maridaje.
- ⮑ Conocer las distintas estrategias para la creación de una política de precios adecuada.
- ⮑ Adquirir conocimientos sobre las herramientas de gestión utilizadas en el sector restauración para fijar los precios a las elaboraciones culinarias, así como establecer una técnica de venta correcta.

# Conceptualización de restauración

## Contenido

## Objetivos

El objetivo general de esta Unidad de Aprendizaje es:

→ Conocer los tipos de empresas de restauración y sus ofertas gastronómicas.

Los objetivos específicos de esta Unidad de Aprendizaje son:

→ Definir y clasificar empresas de restauración.

→ Relacionar la oferta gastronómica con la ubicación geográfica del establecimiento de restauración.

# 1. Introducción

Las empresas de restauración no solo están representadas por los restaurantes y bares, sino que, bajo la denominación *food service,* se agrupa a todo establecimiento que, cualquiera que sea su denominación, sirve al público mediante precio, comidas y bebidas para ser consumidas en el mismo lugar o fuera de las instalaciones, lo que incluye a los servicios de comida cautiva y no cautiva, los servicios de comida a instituciones, etc.

La oferta gastronómica de estos establecimientos dependerá tanto del tipo de servicio ofrecido como del *target* de clientes objetivo al que se orienta, la competencia existente y la localización del establecimiento, entre otros conceptos, siendo esta última opción muy interesante y enriquecedora para difundir las costumbres de un lugar, sus ingredientes, técnicas de elaboración y transformación...

Según estas premisas, y para ofrecer una mayor practicidad en el estudio de las empresas de restauración y sus ofertas gastronómicas, expondremos como ejemplos los casos acontecidos en el restaurante AGAR.

# 2. Tipos de empresas de restauración

### 👉 HILO CONDUCTOR

El restaurante AGAR está enclavado en un pequeño pueblo de la comarca nororiental de Málaga. En su apertura fue catalogado como mesón, ya que, además de comida y bebida, ofrecía albergue para viajeros. Hoy en día, esta opción ya no existe y además su oferta gastronómica se ha visto influenciada por las nuevas tendencias, lo que ha dado lugar a un nuevo concepto en el que se persigue la excelencia tanto en la oferta gastronómica como en el tipo de servicio realizado.

El concepto de **restauración** engloba a todo establecimiento que, cualquiera que sea su denominación, sirve al público mediante precio, comidas y bebidas para ser consumidas en el mismo lugar o fuera de las instalaciones.

Dicho concepto recoge un gran abanico de ofertas gastronómicas, lo que requiere para su presentación y estudio de una clasificación previa.

**La clasificación de las empresas de restauración** puede adaptarse según distintos criterios, como pueden ser la modalidad de servicio, las características del establecimiento o su oferta gastronómica. A su vez, también se puede diferenciar entre restauración hotelera y extrahotelera, restauración tradicional y neorrestauración e incluso entre empresas de restauración comercial y no comercial u ofertas de restauración cautiva, asociada a los comedores escolares, hospitales, alimentación institucional, etc.

Con el fin de aportar la máxima practicidad a este contenido, la clasificación de las empresas de restauración va a diferenciar entre: empresas de restauración tradicional y empresas de neorrestauración. A continuación describimos las características de cada uno de los modelos que las integran.

## 2.1. Restauración tradicional

Las empresas dedicadas al servicio de comidas y bebidas catalogadas como tradicionales están representadas por una oferta basada en la **tradición** y la **confianza del consumidor,** ofreciendo productos conocidos y normalmente artesanales, diferenciándose como **características más importantes** las siguientes:

| Características de la restauración tradicional |
|:---:|
| Sistemas de gestión desactualizados (falta de herramientas informáticas, principalmente) |
| Uso de materias primas de calidad |
| Servicio de calidad y personalizado |
| Procesamiento de alimentos artesanales, tanto en su elaboración como en su conservación |
| Inexistencia de técnicas de *marketing* y publicidad |
| Oferta clásica o tradicional |
| Organización clásica en los distintos departamentos |
| Elaboración de la oferta en el mismo local donde se consume |

## Clasificación

Como **tipos** u **oferta** en restauración tradicional, se diferencian los siguientes:

- ⮫ **Restaurante tradicional:** se trata de un establecimiento público en el que se sirven comidas y bebidas, mediante precio, para ser consumidas en el mismo local.

*Ejemplo decorativo y organizativo característico en un restaurante tradicional.*

- ⮫ **Mesón:** es un establecimiento típico, en el que se sirven comidas y bebidas. Tradicionalmente, también ofrecía la posibilidad de ofertar albergue a viajeros.

*La oferta del mesón en la actualidad es muy limitada, y se apuesta por otras modalidades de servicio. No obstante, tradicionalmente ha sido una de las ofertas más demandadas. (© Fotografía: Radiokafka / Shutterstock.com)*

‣ **Cafetería:** establecimiento en el que se sirve café y otras bebidas, así como aperitivos y comidas.

*Tratándose de una oferta tradicional, su oferta sigue en auge, siendo la figura del barista uno de sus emblemas.*

‣ **Bar:** establecimiento en el que se despachan bebidas, que son tomadas normalmente de pie, ante la barra o mostrador. Los bares podrán disponer de servicio en mesa, aunque esto no sea obligatorio.

*La oferta de un bar puede ser representativa de un lugar. Un ejemplo son los denominados pintxos en el norte o la tapa en el sur. (© Fotografía: Matyas Rehak / Shutterstock.com)*

‣ **Taberna, bodegón y tasca:** establecimiento de carácter popular, donde se sirven y expenden bebidas, pudiendo incluir en ocasiones la oferta o servicio de comidas.

*Las tascas, tabernas o bodegones suelen incluir una oferta tradicional, basada en las costumbres de un lugar. (© Fotografía: cornfield / Shutterstock.com)*

➲ **Cantina:** se trata de un establecimiento público donde se sirven bebidas y algunos comestibles, caracterizado por formar parte de una instalación más amplia.

*Instituciones militares y universitarias han usado tradicionalmente este tipo de establecimientos como lugar de distensión.*

➲ **Casa de comidas:** restaurante tradicional familiar, normalmente situado en pequeños núcleos urbanos.

*Su oferta se basa en un producto de calidad, de elaboración tradicional, en la que productos como la casquería o elaboraciones como los guisos están muy bien representados.*

## NOTA

Además de las modalidades citadas, existen otras como son las **sidrerías** y **bodeguillas,** tradicionalmente, el lugar donde se elaboraba o guardaba la sidra y el vino, donde también había un despacho en el que se ofertaban.

En el caso de las sidrerías, su oferta es tan popular que se han convertido en una propuesta de restauración emblemática, seña de identidad de algunas regiones como la asturiana o la vasca.

*En muchas de las sidrerías, el proceso de escanciado se lleva a cabo desde el mismo tonel de conservación, ofreciendo un servicio muy peculiar.*

En torno al restaurante tradicional, su oferta gastronómica hace posible una clasificación específica. A continuación se desarrollan algunos ejemplos:

- **Restaurante de autor:** la oferta gastronómica del establecimiento gira en torno al responsable de cocina, haciendo uso de nuevos productos y técnicas innovadoras, tanto en el procesamiento de la materia prima como en los procesos de emplatado y presentación.
- **Restaurante macrobiótico:** la oferta gastronómica está basada en la adaptación de teorías orientales, en las que se combinan los elementos de un plato en función de su presencia de sodio y potasio, estimándose como adecuada 5 partes de sodio por 1 parte de potasio.
  La oferta incluye todo tipo de alimentos y técnicas. A su vez, la oferta está orientada a principios básicos, en los que destaca la temporalidad de los alimentos, el respeto por el producto...
- **Restaurante vegetariano:** la oferta gastronómica está basada en el servicio de vegetales, incluyendo frutas, hortalizas, frutos secos, alubias, semillas, etc.
- **Restaurante vegano:** la oferta gastronómica está basada en la eliminación de productos de origen animal.
- **Restaurante fusión:** la oferta gastronómica está basada en la fusión de dos corrientes gastronómicas de distinta procedencia. En la actualidad, se reconocen algunos conceptos como:

  - Cocina Tex-Mex (cocina tejana + mexicana).
  - Cocina Nikkei (cocina peruana + japonesa).

- **Restaurante gastronómico:** la oferta gastronómica está basada en el servicio de productos de mucha calidad o con procesos de elaboración complejos. Su oferta también se asocia a un servicio excelente, donde la puesta en escena tiene un protagonismo especial.
- **Restaurante crudívoro:** la oferta gastronómica de este tipo de establecimientos se caracteriza por presentar alimentos no cocinados. Estos restaurantes normalmente se asocian con el consumo de vegetales, denominándose en ese caso "crudiveganos". Sin embargo, de forma generalizada, la oferta puede incluir cualquier tipo de alimento.

## NOTA

La ambientación también posibilita diferenciar entre distintos tipos de restaurante, lo que puede dar lugar a un tipo de establecimiento muy particular: los restaurantes temáticos.

## ACTIVIDAD COMPLEMENTARIA

1. Entre los establecimientos de restauración tradicionales se encuentran las cantinas, las tabernas, los bodegones o las tascas, entre otros. Todos ellos muy arraigados en la tradición española.

   El resto de culturas, asociadas a distintos hábitos de consumo, pueden o no mostrar este tipo de ofertas.

   Teniendo en cuenta esto, busca información al respecto, describiendo algún otro tipo de establecimiento de restauración tradicional, exponiendo sus características, origen y cultura a la que se asocia.

---

## 2.2. Neorrestauración

Se trata de empresas de restauración con filosofías innovadoras surgidas a raíz de las necesidades de adaptación a los nuevos cambios sociales, asociados a **factores políticos y económicos** (mayor duración de la jornada laboral, nuevos modelos de negocio, desarrollo urbanístico y fomento del turismo nacional e internacional, entre otros), a **factores sociodemográficos y culturales** (transformación del modelo familiar, inmigración, *boom* mediático referente a la cocina y restauración, mayor preocupación por la salud y el aspecto físico, etc.) y a **factores tecnológicos** (redes sociales como medio de difusión, aplicaciones móviles, instrumentación y evolución del proceso productivo...), principalmente.

*La revolución tecnológica ha propiciado la aparición de nuevas modalidades de consumo y, con ello, nuevos conceptos gastronómicos.*

Los establecimientos de neorrestauración **se caracterizan** por el uso de las nuevas tecnologías, así como la integración en su oferta de productos desconocidos o no habituales y la implantación de nuevas formas de servicio. Todo ello presentado bajo una oferta reducida y económica. No obstante, el precio estará relacionado con la calidad de los productos servidos.

Este tipo de restauración también se asocia a la utilización de modernas técnicas de *marketing,* lo que se refleja en el *merchandising* utilizado, convirtiéndose en una de sus señas de identidad.

## NOTA

La evolución de la oferta gastronómica va asociada a la evolución incesante de la sociedad, por lo que, antes de optar por un tipo de oferta, es importante analizar todos los factores que afectan al sector de población al que va dirigida.

Como **características** más relevantes referidas a los establecimientos bajo la denominación de neorrestauración, destacamos las siguientes:

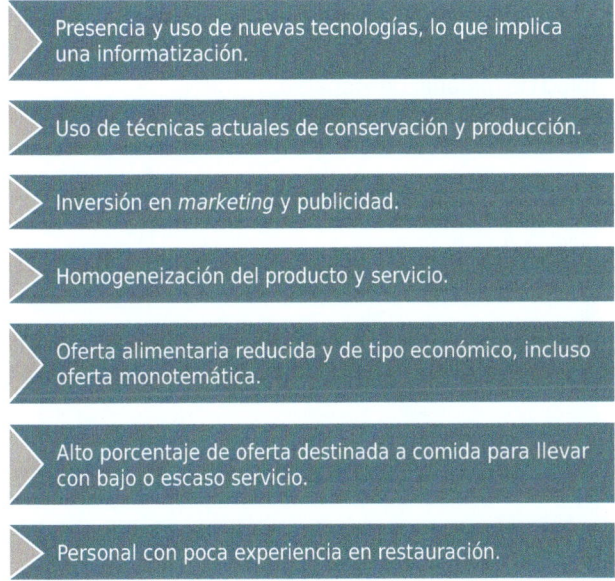

Presencia y uso de nuevas tecnologías, lo que implica una informatización.

Uso de técnicas actuales de conservación y producción.

Inversión en *marketing* y publicidad.

Homogeneización del producto y servicio.

Oferta alimentaria reducida y de tipo económico, incluso oferta monotemática.

Alto porcentaje de oferta destinada a comida para llevar con bajo o escaso servicio.

Personal con poca experiencia en restauración.

## IMPORTANTE

Muchos de los productos ofrecidos en este tipo de establecimientos son denominados **convenience food,** siendo alimentos preelaborados y elaborados que requieren una mínima manipulación por parte del empleado.

---

### Clasificación

Dentro de los denominados establecimientos de neorrestauración, diferenciamos los siguientes, cada uno con **cualidades** y **características** propias.

#### Fast food

Establecimientos de comida rápida, con un alto grado de homogeneidad entre ellos, tanto en materia prima como en los procesos de elaboración. Entre sus características, destacamos las siguientes:

- Escasa o nula atención en mesa.
- Uso de maquinaria específica, implantando una producción mecanizada.
- Empleo de material desechable.
- Producción a la vista del cliente.

## NOTA

La escasez en el servicio, el uso de material desechable, así como la baja calidad de los productos son seña de identidad de este tipo de establecimientos.

---

Dentro de estos productos existen dos variantes:

**Delivery food:** se trata de establecimientos que ofrecen servicio a domicilio, llevándose a cabo los pedidos de forma telemática. Durante el proceso de reparto, se deben asegurar unas condiciones higiénicas adecuadas.

© *Fotografía: TonyV3112 / Shutterstock.com*

**Take away:** se trata de establecimientos que ofrecen comida para llevar. Este tipo de oferta tiene en la actualidad una gran aceptación, desarrollándose como consecuencia de los hábitos de vida actuales.

____

*Bufé*

Se trata de empresas de restauración, cuya oferta se expone de forma directa, donde el consumidor es quien elige de entre toda la oferta.

Su montaje variará en función del número de comensales y tipo de oferta al que se destina. No obstante, permite cubrir el servicio de un gran número de comensales.

El servicio de bufé diferencia dos modalidades de servicio según cómo se dispongan los productos:

➲ **Autoservicio en línea:** consiste en un montaje en línea, donde el comensal, siguiendo un único sentido, puede acceder a todos los productos, facilitando el proceso mediante el uso de bandejas y carriles de apoyo. Su precio puede depender de la oferta, y se diferencia principalmente entre un bufé libre o bajo pago por producto adquirido.

*Ejemplo de autoservicio en línea, ayudado de bandeja.*

➲ **Autoservicio *free flow*:** se trata de la exposición de los productos en islas, agrupando los productos por familias. Permite elegir la isla por la que pasar, lo que agilizará el proceso.

*Ejemplo de presentación de bufé en islas. (© Fotografía: Salvador Aznar / Shutterstock.com)*

*Gastrobar*

Son empresas de restauración en las que se ofrece una cocina de carácter innovador y cocina en miniatura. La oferta del gastrobar pretende ofrecer elaboraciones de alta cocina a precios asequibles y con un servicio rápido.

*Ejemplo de elaboración servida en gastrobar, propia de una oferta de cocina de autor.*

## *Restauración monotemática*

Se trata de empresas de restauración que basan su oferta en un único producto. Así, son características las pizzerías, los locales de kebabs, creperías, etc.

*Las pizzerías son una de las ofertas monotemáticas más extendidas en el mundo.*

 **NOTA**

Las freidurías también pueden ser catalogadas dentro de esta opción, pues, aunque pueden ofrecer una amplia variedad de productos, la técnica de elaboración es única: "la gran fritura".

---

*Vending*

Se trata de una oferta basada en la automatización del servicio a través del uso de máquinas. Esto supone un ahorro sustancioso en personal. Así, una vez realizada la inversión, solo habrá que tener presente su mantenimiento y reposición. No obstante, el avance tecnológico hace que las máquinas de *vending* requieran una actualización, lo que supone una desventaja debido al desembolso económico que esto supone.

*Ejemplo de zona de máquinas de vending. (© Fotografía: DeymosHR / Shutterstock.com)*

## APLICACIÓN PRÁCTICA

---

**El establecimiento en el que nos encontramos se caracteriza por presentar una oferta clásica, de calidad y con un servicio personalizado. Su brigada está muy estructurada, desarrollando funciones específicas de su puesto.**

**¿Qué tipo de empresas podrían incluirse según las características dadas?**

**Solución**

Según la caracterización y gestión descrita, se trata de empresas de restauración clásicas, como podrían ser cantinas, casas de comidas, tabernas, tascas o mesones, ya que su gestión así lo demuestra. Por el contrario, empresas de

*Continúa en página siguiente >>*

*<< Viene de página anterior*

restauración como los gastrobares y los *vending* se encuadran en los denominados establecimientos de neorrestauración, donde se llevan a cabo técnicas actuales, hay presencia y uso de nuevas tecnologías, se invierte en publicidad y *marketing*, etc.

---

 ## ACTIVIDAD COMPLEMENTARIA

2. La oferta gastronómica tiene una gran expansión, que ha dado lugar a nuevos modelos de establecimiento y tendencias gastronómicas casi a diario. En función de esta información, indica cuáles son las últimas tendencias gastronómicas actuales y argumenta qué se espera de ellas en los próximos años. Analiza cada una de estas tendencias, haciendo uso de fuentes de internet o revistas especializadas.

---

 ## TAREA 1

En la actualidad los portales de internet especializados en dar a conocer establecimientos de restauración establecen criterios de clasificación dudosos o incluso erróneos, lo que provoca en el consumidor una gran controversia.

Elige, al menos, dos de los establecimientos expuestos en una de estas páginas, estableciendo, en función de las características mostradas, su definición y clasificación correcta. Justifica tu respuesta.

---

# 3. Oferta dependiendo de la ubicación geográfica

## ☞ HILO CONDUCTOR

La oferta gastronómica actual del restaurante AGAR parece tener una gran aceptación, pese a que, en un principio, el estudio del microentorno y macroentorno llevado a cabo parecía indicar que sería más adecuado apostar por una oferta tradicional, basada en platos típicos de la zona. Esperamos que la propuesta gastronómica del restaurante tenga cada vez una mayor aceptación, posibilitando nuevos frentes de investigación.

Implantar un servicio u oferta en restauración requiere de un **estudio previo,** que evidencie la viabilidad del proyecto y permita alcanzar un beneficio económico y cumplir con las expectativas comerciales. Ello implica conocer el mercado y adaptar la idea de negocio al entorno. Por tanto, es fundamental el conocimiento de los parámetros económicos y comerciales que afectan al desempeño de la actividad, diferenciándose en el caso de la restauración los relacionados con el presupuesto, los costos, las amortizaciones y la financiación.

Para poner en ejecución un servicio de restauración se debe llevar a cabo un **estudio del macroentorno** y **microentorno.** Son factores determinantes, ya que se puede afirmar que el sector de la restauración está sujeto de forma directa tanto a aspectos demográficos, culturales y económicos como a aspectos relacionados con los competidores, proveedores, clientes e intermediarios. Al mismo tiempo, hay que señalar la importancia de la situación económica que rodea el proceso de ejecución, debiéndose considerar los **datos microeconómicos y macroeconómicos.**

## 3.1. Macroentorno y microentorno

La implantación de un servicio de restauración requiere de un estudio previo con el fin de conocer la situación real de las variables que afectan a la actividad empresarial, referida en este caso al sector restauración.

## Macroentorno

El macroentorno engloba las variables externas que afectan no solo a la actividad de una empresa, sino al conjunto de la sociedad y de sus actividades. Por tanto, llevar a cabo un análisis del macroentorno de una empresa permite protegerla, buscando al mismo tiempo fidelizar al cliente, lo que se traducirá en un incremento de las ventas.

El macroentorno muestra el estudio y valoración de **siete principios:**

**Demografía**
- Es necesario conocer la edad, mortalidad, natalidad, etc.

**Economía**
- Es vital conocer el nivel económico del público, la evolución del PIB, etc.

**Cultura y sociedad**
- Es necesario conocer el nivel cultural, los estilos de vida, las preocupaciones sociales, etc.

**Legal**
- Se debe conocer la normativa que regula al sector, con el fin de garantizar una correcta actuación, tanto con la gestión del personal como de manipulación y tratamiento de los productos comercializados.

**Política**
- Es necesario conocer la situación política del país, de las provincias o las autonomías, pudiéndose asociar a grupos de poder o *lobbies*, que pueden orientar sus decisiones según intereses determinantes para el sector.

**Medioambiente**
- Es necesario conocer las preocupaciones sociales, legislación protectora, etc., pudiendo influir de forma indirecta en función del tipo de producto que se ofrezca.

**Tecnología**
- Es necesario tener conocimiento del desarrollo de nuevas infraestructuras, equipos y maquinaria, pudiendo determinar la productividad, así como el desarrollo de nuevos conceptos, basados en I+D.

## Microentorno

El microentorno permite el estudio de la competencia, imprescindible para conseguir que el cliente final adquiera una imagen positiva. Además, posibilita influenciar según la definición de la oferta, el tamaño de la empresa o la exclusividad de un producto o servicio. Al mismo tiempo, permite el estudio interno u organizativo de la empresa, aportándole objetividad. En este caso, el estudio del microentorno debe contemplar los siguientes aspectos:

- **Proveedores:** es necesario conocer las características de los proveedores, con el fin de establecer una estrecha relación para obtener ventajas según la distribución, exclusividad de trato, etc.
- **Competencia:** hay que conocer la metodología de actuación de la competencia, así como su oferta, con el fin de obtener ventajas al respecto.
- **Clientes:** se deben conocer las características de los clientes en torno a sus exigencias, costumbres, hábitos, nivel económico, etc., datos que contribuirán a organizar la oferta.
- **Distribuidores e intermediarios:** es necesario conocer las características de los intermediarios y distribuidores con el fin de conocer los límites de la oferta por la que se quiere optar.

## 3.2. Estudio de la competencia

El estudio de la competencia facilita conocer el posicionamiento en el mercado, orientando la oferta que se quiere exponer. Para ello, existen una serie de preguntas tipo:

| ¿Cuál es la cuota de mercado? | Se trata de conocer cuál es el público real que consume los productos para ofertar o ya ofertados. Esto se diferencia del público objetivo o *target*, pues da a conocer la cuota de mercado real. |
| --- | --- |
| ¿Qué percepción tienen los usuarios de los servicios? | Se debe conocer la opinión de los consumidores respecto a la competencia, valorando los aspectos de mejora. |
| ¿Quiénes son mis competidores? ¿En qué se puede mejorar su oferta? | Conocer al competidor permite orientar la oferta ofreciendo el servicio orientado a las exigencias del consumidor. |

Para responder a estas preguntas, se debe llevar a cabo un estudio de mercado, recogiendo al menos un análisis de los consumidores y los competidores del sector, así como de la estrategia que seguir, pudiendo utilizar como herramienta el denominado **análisis Porter de las 5 fuerzas,** lo que permitirá conocer el grado de competencia de una organización, así como dar respuesta a posibles amenazas y oportunidades que afecten a la actividad.

Este análisis recoge las consideraciones que mostramos en el siguiente diagrama:

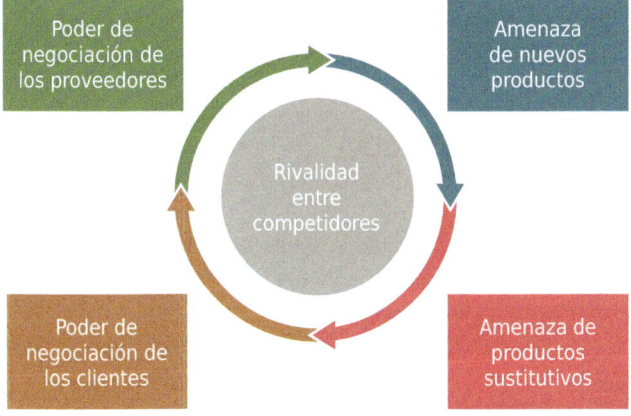

 **PARA SABER MÁS**

Accede al siguiente enlace, facilitado por La Cultura del *Marketing*, en el que se expone información sobre una de las herramientas claves en un plan de *marketing*, como son las denominadas 5 fuerzas de Porter:

https://redirectoronline.com/hotr025po0101

## Análisis DAFO y estudio PESTEL

El análisis DAFO permite conocer las cualidades internas de nuestra propuesta, debilidades y fortalezas, así como la situación externa en función de amenazas y oportunidades, incorporándose para ello el estudio PESTEL, que incluye factores políticos, económicos, tecnológicos, ecológicos, socioculturales y legales, que influyen en el entorno del negocio. Esto implica llevar a cabo los siguientes pasos:

Análisis externo → Análisis interno → Elaboración matriz DAFO → Elección estrategia

 **PARA SABER MÁS**

Accede a los siguientes enlaces donde se brinda información sobre el análisis DAFO, ofreciendo una herramienta para su desarrollo; y sobre el análisis PESTEL, facilitado por Ingenio Empresa, profundizando en su desarrollo.

| Herramienta DAFO | ¿Cómo hacer una análisis PESTEL? |
| --- | --- |
| *https://redirectoronline.com/hotr025po0102* | *https://redirectoronline.com/hotr025po0103* |

## 3.3. Fases de implantación de un servicio de restauración

Para llegar a ser competitivo y situarse en el mercado, todo servicio de restauración se enfrenta a un proceso de lanzamiento, de penetración en el mercado, de asentamiento y, cómo no, de declive. Estas fases pueden acaecer de forma rápida o extenderse en el tiempo. Está demostrado que aquellas empresas que crecen muy rápido suelen tener una permanencia en el mercado muy corta. En este sentido, las fases por las que pasa un establecimiento desde su nacimiento hasta su desaparición son:

1. **Fase de lanzamiento:** se trata de la fase inicial, en la que se llevan a cabo los estudios referidos al plan financiero, estudio de mercado, etc., obteniendo así los datos necesarios para la puesta en marcha del servicio.
   La fase de lanzamiento pretende adquirir clientela, situándose de forma competitiva y apreciada por el consumidor.
   En esta fase no será importante obtener un gran margen de beneficios, pero sí que se lleve a cabo un crecimiento estable y ascendente.
2. **Fase de penetración:** con el fin de comenzar a ser competitivos se debe disponer de los recursos y herramientas necesarias, donde servirán de apoyo los datos aportados por la competencia, estudiando sus fortalezas y debilidades.
   En esta fase se puede llevar a cabo la modificación del modelo de negocio en función de las necesidades del mercado, tratándose de una etapa de aprendizaje.
3. **Fase de estabilización:** se relaciona con la satisfacción del cliente, por lo que su mantenimiento requiere especial atención, procurando que la competencia no gane terreno y que el producto o servicio ofrecido no decaiga en cuanto a calidad, interés, etc.
   Esta fase permite obtener información sobre la evolución de la oferta, persiguiendo que se mantenga el máximo tiempo posible.
4. **Fase de declive:** la confianza o relajación en el ofrecimiento de nuestro producto puede hacer que este deje de interesar o que avance el interés de la oferta de nuestro competidor.
   Por tanto, la creatividad e innovación serán constantes y deberán perseguirse en todo momento, debiéndose estudiar posibles errores, así como el avance del mercado, y adaptar el modelo de negocio a las nuevas necesidades del mercado.

**NOTA**

Las fases por las que pasa un negocio son comunes, pudiéndose reflejar gráficamente en el siguiente ejemplo:

*Continúa en página siguiente >>*

*<< Viene de página anterior*

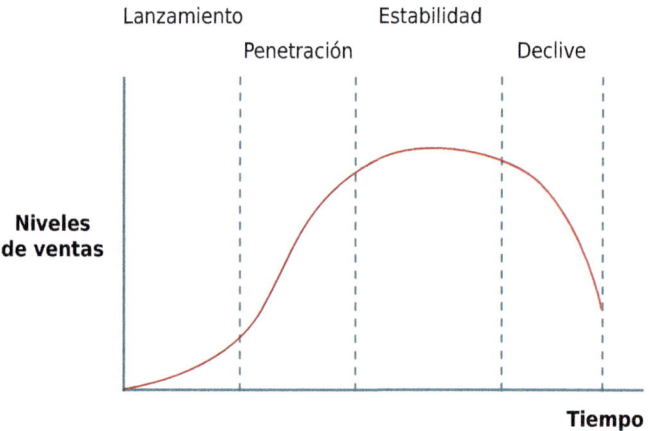

---

**TAREA 2**

Dada la aceptación que está teniendo el restaurante AGAR, se ha pensado en franquiciarlo con el fin de implantar su oferta en todo el territorio español.

Ya hay dos interesados; uno en Pradollano (Sierra Nevada) y otro en un pueblo costero de las Rías Baixas (Vigo) de 150 habitantes, prácticamente incomunicado en los meses de invierno.

Sabiendo que, en la actualidad, la oferta gastronómica del establecimiento se basa en el servicio de productos de proveedores locales propios de la zona centro de la provincia de Málaga y con procesos de elaboración típicos de la zona, ¿se justificaría la implantación de esta oferta gastronómica en el resto del territorio español? ¿Qué factores se consideran fundamentales con respecto del estudio? Justifica tu respuesta.

---

# 4. Resumen

El concepto *food service* recoge toda la oferta de restauración, incluyendo a los establecimientos de restauración tradicional, establecimientos de neorrestauración, así como los servicios de suministro y asesoramiento gastronómico. A su vez, dichos establecimientos diferencian distintas ofertas; por ejemplo, dentro de los *fast food,* se encuentran los *delivery food* y los *take away.*

La implantación de un servicio de restauración requiere de un estudio previo, siendo fundamental llevar a cabo el estudio del macroentorno y microentorno del establecimiento, destacando por su importancia el estudio de la competencia, ya que permitirá conocer el posicionamiento en el mercado, lo que facilitará la orientación que deberá adoptar el nuevo negocio.

Un alto porcentaje de los negocios o establecimientos de restauración que fracasan obedece a una gestión inadecuada. Por ello, en el proceso es fundamental tener presentes las siguientes fases de implantación:

| Fase de lanzamiento | Fase de penetración | Fase de estabilización | Fase de declive |
|---|---|---|---|

# Ejercicios de autoevaluación
# Unidad de Aprendizaje 1

**1. Indica si las siguientes afirmaciones son verdaderas o falsas:**

a. Las ofertas de restauración cautiva se asocian a los servicios de restauración de hospitales, comedores escolares, etc.

■ Verdadero
■ Falso

b. Los denominados *food services* no incluyen la oferta de restauración tradicional.

■ Verdadero
■ Falso

c. Todo servicio de bar tendrá como obligatorio un servicio en mesa.

■ Verdadero
■ Falso

**2. La oferta de las cafeterías incluye...**

a. ... cafés y otras bebidas.
b. ... aperitivos.
c. ... comidas.
d. Todas las opciones son correctas.

**3. Las tabernas, los bodegones y las tascas se caracterizan por...**

a. ... incluir una oferta novedosa y actual.
b. ... no incluir entre su oferta comidas.
c. ... ser establecimientos populares donde se sirven bebidas o comidas.
d. ... ser un servicio exclusivo de bebidas de alta graduación alcohólica.

**4. La denominada cocina Nikkei se caracteriza por...**

    a. ... ser una fusión de la cocina tailandesa y española.
    b. ... ser una fusión de la cocina peruana y japonesa.
    c. ... ser comida macrobiótica.
    d. ... su relación con la cocina de autor.

**5. Los establecimientos denominados *take away* se caracterizan por...**

    a. ... ofrecer servicio de comidas a domicilio.
    b. ... ofrecer comida para llevar.
    c. ... el servicio de comida vegana.
    d. ... su oferta gastronómica, basadas en cocina Nikkei.

**6. Indica cuál o cuáles de las siguientes características se asocian a los establecimientos catalogados como *fast food*:**

    a. Escasa o nula atención en mesa.
    b. Sistemas de gestión descuidados y desactualizados.
    c. Empleo de material desechable.
    d. Producción a la vista del cliente.
    e. Servicio de calidad y personalizado.

**7. El estudio del macroentorno...**

    a. ... establece el estudio de las variables externas que afectan no solo a la actividad de una empresa, sino al conjunto de la sociedad y de sus actividades.
    b. ... se asocia con el estudio de la competencia.
    c. ... se asocia con el estudio interno u organizativo de la empresa.
    d. Todas las opciones son incorrectas.

**8. Indica si las siguientes afirmaciones son verdaderas o falsas:**

    a. Un análisis DAFO y un estudio PESTEL implican un análisis externo e interno de la empresa, así como la elaboración de una matriz DAFO, permitiendo la elección de una estrategia.

        ■ Verdadero
        ■ Falso

b. La cuota de mercado en torno al estudio de la competencia refleja cuál es el público real que consume los productos para ofertar o ya ofertados.

- ■ Verdadero
- ■ Falso

c. El público objetivo o *target* está representado por el número de clientes reales que tiene un establecimiento en un periodo concreto.

- ■ Verdadero
- ■ Falso

**9. Los denominados productos *convenience food* se definen como...**

a. ... productos preelaborados y elaborados que requieren una mínima manipulación por parte del empleado.
b. ... productos no manipulados, que requieren para su servicio el uso de técnicas de cocción.
c. ... alimentos ricos en nutrientes y con niveles bajos de ácidos grasos.
d. ... preparaciones culinarias asociadas a una cocina de autor con un gran valor gastronómico.

**10. Durante la fase de lanzamiento de un establecimiento de restauración...**

a. ... se pretende obtener el mayor margen de beneficios eliminando así la posible deuda contraída.
b. ... se debe conseguir clientela, situándose de forma competitiva y apreciada por el consumidor.
c. ... se deben implantar distintos modelos de negocio, permitiendo seleccionar aquel que mayores ventajas suponga.
d. Todas las opciones son incorrectas.

# Creación de cartas y menús

# Contenido

# Objetivos

El objetivo general de esta Unidad de Aprendizaje es:

→ Saber cuáles son los criterios gastronómicos, dietéticos y organizativos que hay que tener presentes en la creación de las cartas y menús.

Los objetivos específicos de esta Unidad de Aprendizaje son:

→ Identificar los criterios que tener presentes ante la creación de una carta.

→ Llevar a cabo una propuesta adecuada de menú, contemplando el máximo rendimiento en el aprovechamiento de los insumos, así como de las necesidades de gestión en los procesos de *mise en place.*

# 1. Introducción

El sector de la restauración muestra año tras año una tendencia al alza en cuanto al número de establecimientos abiertos. Esto supone una gran competitividad en el sector, tomando gran importancia el denominado concepto gastronómico que, como se estudiará a continuación, se asocia con la identidad del establecimiento.

La identidad de un establecimiento de restauración está asociada tanto a la ambientación como a la oferta gastronómica y el tipo de servicio ofrecido, sirviendo la carta como elemento de presentación. Puede complementarse o no con otras ofertas como los menús, sugerencias, etc., que facilitarán el correcto aprovechamiento de los insumos.

Otro de los aspectos que tener presentes para la creación de cartas y menús se relaciona con la adecuación de la oferta a un correcto equilibrio nutricional, por lo que debemos considerarnos corresponsables de la implantación de una adecuada alimentación.

En función de estos principios, y para contribuir a la practicidad de este contenido, seguidamente continuaremos exponiendo los casos acontecidos en el restaurante AGAR.

# 2. Concepto gastronómico

## ☞ HILO CONDUCTOR

Como sabes, la oferta gastronómica del restaurante AGAR ha cambiado desde sus orígenes, adaptándose a las nuevas tendencias y corrientes gastronómicas. Esto ha supuesto un cambio en la identidad del establecimiento, lo que influye a su vez en el tipo de clientela, así como en el posicionamiento frente al resto de establecimientos de nuestro entorno.

El concepto gastronómico hace referencia a la identidad de un establecimiento, viéndose reflejado en un conjunto de rasgos o características que los diferencian de otros.

De forma general, la oferta gastronómica se define tradicionalmente bajo estos dos conceptos:

| Restauración | Hostelería |
|---|---|
| - Actividad comercial asociada con la alimentación que engloba a todos los establecimientos abiertos al público en los que se elaboran, venden y sirven comidas o bebidas, pudiendo ser consumidas en el establecimiento, en sus inmediaciones y fuera de él. | - Actividad comercial que incluye los establecimientos que ofrecen alimentos, bebidas y alojamiento, siendo fundamental esta última actividad (alojamiento) aunque complementada por las demás, de forma que ayuda a aumentar el valor de la oferta y por tanto fomentar el consumo. |

No obstante, para dar cabida a nuevos conceptos gastronómicos como el *catering,* se define el canal HORECA, que hace referencia a los conceptos de hostelería, restaurante y *catering,* definiéndose este último como el servicio de comidas o bebidas en medios de transporte, colegios, etc., asociados a la necesidad de implantar un desplazamiento para el servicio.

El concepto gastronómico puede relacionarse con la oferta de alimentos y bebidas, el tipo de servicio elegido o incluso la decoración. A su vez, puede estar influenciado por los siguientes factores:

⊃ **Factores políticos y económicos:** el aumento de la jornada laboral, las crisis económicas, el auge de las franquicias, así como el fomento del turismo, son factores que considerar.
⊃ **Factores sociodemográficos y culturales:** aspectos relacionados con el aspecto físico y la salud, el *boom* mediático referente a la cocina, así como el cambio de hábitos en el ambiente familiar, son factores que considerar.
⊃ **Factores tecnológicos:** el uso de nuevas tecnologías para el proceso de servicio o la influencia de las redes sociales son factores que considerar.

## 2.1. Ofertas en torno a distintos conceptos gastronómicos

La revolución culinaria no solo se asocia a los cambios llevados a cabo en la oferta culinaria, sino que, en muchos casos, la necesidad de cubrir un *target* determinado de clientes da lugar a la configuración de un nuevo concepto y, con ello, a una nueva línea de negocio. Algunos ejemplos son los *food truck,* la alta cocina *low cost,* la oferta en mercados o centros de ocio gastronómicos o las barras gastronómicas, entre otros. A todos estos conceptos gastronómicos también se unen otras propuestas o ideas como los denominados restaurantes *"pop-up".*

**Food truck**
- Se trata de una oferta culinaria desarrollada en estructuras móviles adaptadas para llevar a cabo con seguridad la transformación y venta de alimentos.

**Alta cocina *low cost***
- Es una oferta culinaria de calidad pero a bajo precio. Esto se consigue gracias a la utilización de productos de temporada, la aplicación de técnicas culinarias simples y realizando un servicio más informal.

**Centros de ocio gastronómico**
- Se trata de agrupar en un mismo local varias ofertas gastronómicas, compartiendo el lugar de degustación. Esta oferta normalmente enclavada en antiguos mercados o conviviendo con la oferta del mercado tradicional permite al consumidor degustar una amplia gama de elaboraciones, así como bebidas. Su gestión normalmente es muy rentable, ya que unifica las necesidades asociadas a los gastos de servicio.

**Barras y mesas gastronómicas**
- Consiste en una modalidad de restauración muy exclusiva, donde se desarrolla un servicio directo, donde el comensal puede observar en todo momento el proceso de elaboración.

**Restaurantes "pop-up"**
- Son restaurantes con una oferta gastronómica que no perdura en el tiempo, sino que abren sus puertas de forma limitada. Para que su gestión sea rentable, normalmente este tipo de establecimientos se convierte en zona de paso de cocineros relevantes que ofrecen durante unos días su servicio.

**PARA SABER MÁS**

Un concepto gastronómico también puede estar desarrollado sobre consignas específicas, tales como: fomento de la biodiversidad, la optimización de la formación o el empoderamiento de la mujer. Accede al siguiente enlace para complementar esta información.

https://redirectoronline.com/hotr025po0201

## 3. Diseño e imagen de la carta

 **HILO CONDUCTOR**

Aprovechando el cambio en la oferta gastronómica del restaurante AGAR, se ha pensado en actualizar el diseño de la carta, ya que la actual no permite su fácil actualización y requiere de un gran mantenimiento.

Se ha pensado en usar un soporte, en el que se puedan incluir hojas sin necesidad de troquelados o el uso de las antiestéticas fundas.

Ten presente que la carta es el medio físico utilizado para presentar la oferta gastronómica de un establecimiento, y aunque en la actualidad son muchas las empresas conscientes de ello, aún en muchos establecimientos las cartas están representadas por una simple cuartilla o el uso de carpetas suministradas por un proveedor, aspectos que sin duda influirán de forma negativa en las expectativas del cliente.

La confección de una carta deberá cuidar al máximo su estética y creatividad, permitiendo desde el principio definir la personalidad del establecimiento.

A su vez, la carta deberá presentar un formato que facilite su manejo y permita una anotación clara y concisa que facilite la elección por parte del comensal.

*La carta forma parte del merchandising, por lo que su imagen influirá de forma directa en el comensal.*

## 3.1. Soporte

La carta tiene como principales funciones facilitar y propiciar el proceso de venta, por lo que es importante que su diseño capte la atención del comensal, propicie un tacto adecuado y facilite su lectura y comprensión. Para ello, se diferencian principalmente dos tipos de soportes:

| Soporte papel | Soporte informático |
|---|---|
|  |  |

- El formato papel sigue siendo el soporte más representativo, pese a que plantea múltiples problemas asociados, tanto a su mantenimiento como a su actualización. No obstante, si se cuenta con un diseño adecuado, estos problemas pueden ser fácilmente solventados.
- Para la confección de este tipo de cartas, utiliza soportes de fácil limpieza, así como fácilmente reemplazables.

- Pese a que su uso no supone un porcentaje importante, cada vez son más los establecimientos que eligen esta opción, ya que permite una fácil actualización, así como la posibilidad de incluir información detallada de los productos ofertados.
- El soporte más común utilizado para ello son las tabletas. No obstante, también existe la posibilidad de elementos de proyección o el uso de dispositivos móviles personales, en los que mediante el uso de Códigos QR el cliente puede visualizar la oferta del establecimiento.

 **IMPORTANTE**

El tipo de oferta, la categoría del establecimiento y la modalidad de servicio propiciarán la elección de uno u otro soporte, así como el material utilizado en su confección.

## 3.2. Tamaño y formato

El **tamaño y formato** de la carta son aspectos que considerar en su diseño, ya que, mientras que el uso de formatos grandes suponen un manejo incómodo y ponen en riesgo el resto de elementos de la mesa (copas, centros...), las cartas con formatos muy pequeños requieren incluir un número excesivo de hojas, lo que dificulta la elección del comensal.

Al mismo tiempo, el tamaño y formato de la carta deben estar relacionados con el tipo de establecimiento, la categoría, la oferta, el tipo de servicio, etc., sin olvidar además aspectos como el tamaño de las mesas o la decoración, siendo recomendable el uso de pequeños trípticos en aquellos casos en los que las mesas sean pequeñas.

*La elección de un tamaño y formato acertado facilitará la gestión del proceso de toma de comanda y, por tanto, contribuirá a agilizar el servicio.*

## 3.3. Diseño interior y criterios de maquetación

Seleccionados el tamaño y formato de la carta, ahora es el turno de profundizar sobre su diseño, algo fundamental, ya que la carta servirá como elemento de venta e influirá en aspectos como:

| | | |
|---|---|---|
| Decisión de compra | Imagen del establecimiento | Posicionamiento de productos |

En la actualidad, se tiende a simplificar el diseño interior de las cartas, mostrando una información clara y concisa. No obstante, el nombre de los platos atiende fundamentalmente a dos fórmulas de expresión, diferenciando entre:

🔿 Indicar el nombre del plato, de forma sencilla, sin explicaciones. Ejemplo: crema *vichyssoise.*

🔿 Describir el nombre del plato de forma detallada. Ejemplo: sopa fría de puerros y patata con crema de leche, *brunoise* de cebollino y aceite de albahaca.

Otros aspectos relacionados con la descripción de los platos atiende a tendencias. Así, por ejemplo, anteriormente era habitual indicar la procedencia del producto o el uso de tecnicismos, por ejemplo, chuletón de buey gallego braseado con reducción de vino y patatas *soufflé.*

En la actualidad, aunque se sigue apostando por esta tendencia, se acogen otros tipos de nomenclatura, incluyendo términos como ecológico, fresco, natural...

**NOTA**

Sea una u otra la tendencia presente en la redacción de las elaboraciones, recuerda que el nombre debe ser representativo de la elaboración que se va a servir, evitando transmitir falsas expectativas o contribuir a la confusión del comensal.

## Papel, tipo y tamaño de letra y determinación de su maquetado

El gramaje del papel utilizado para la confección de la carta es un aspecto fundamental. Así, establecimientos de categoría pueden hacer uso de papel de mayor gramaje. También son aspectos que contemplar la textura del papel, así como el brillo, ya que un papel demasiado brillante puede impedir la lectura, y los papeles rugosos pueden dificultar el mantenimiento de la carta.

El tamaño de la letra, formato y espaciado debe asegurar una correcta lectura. A este respecto, no existe una fórmula global, no obstante, también debe ser contemplado el tipo de clientela al que nos dirigimos, siendo premisas que seguir las siguientes:

- No usar tipos de letra que dificulten la lectura.

- Usar un tamaño de fuente que facilite la lectura, considerándose en formato digital en torno a 12 puntos.

- El interlineado no deberá ser menor a 1,5, para aportar claridad y amplitud.

- Usar colores oscuros para la letra, con fondos blancos, evitando el uso de colores como el amarillo o el verde, ya que dificultan la lectura.

- Evitar el uso de cursiva, ya que también dificulta la lectura.

El tipo de letra, su tamaño y formato contribuirán a dar una imagen del establecimiento. De este modo, el uso de fuentes divertidas, colores brillantes o gráficos amenos aportarán una imagen informal, aunque habrá que evitar fuentes como la Comic Sans (excesivamente infantil) o la Curly, ya que presenta problemas para su lectura.

*Ejemplo de modelo de carta informal, que congenia una tipología específica en cuanto a tipo de letra, ordenamiento, gráficos, colores, etc.*

## Ilustraciones y color

La imagen de la carta debe considerar el color utilizado en su paginado, así como en las posibles ilustraciones utilizadas, indicándose de forma generalizada el uso de colores cremas o blancos. Sin embargo, serán colores representativos del establecimiento, por lo que no podemos descartar ninguno.

No obstante, la elección del color deberá contribuir de igual modo a la lectura y comprensión de la carta. Por tanto, se debe considerar el uso de armonías cromáticas y el contraste de colores fríos y cálidos.

*Ejemplos de cartas, en los que se observa la orientación del establecimiento: por un lado, el uso del verde (natural, sano, ecológico, ligero...), y por otro, el uso de colores como el rojo o naranja (carne, patatas, mantequilla...).*

## Distribución de la carta

Decidido el soporte, tamaño, formato y diseño o tipo de papel que utilizar, la elaboración de una carta también debe contemplar la distribución de su contenido, siendo fundamental el impacto visual que genere sobre el comensal.

Así, en diversos estudios de *marketing* sobre ventas, los primeros y últimos datos presentados sobre un listado son los que mayor relevancia tienen, y en las cartas esto se hace evidente. En cuanto al tipo de formato elegido, destacan las siguientes áreas de influencia:

| | |
|---|---|
| **Carta de un solo panel** | - La mayor atención se centra en la parte superior izquierda del panel, desplazándose hasta la parte inferior derecha. |
| **Carta de dos paneles** | - La mayor atención se la lleva la hoja derecha. La vista recorre en zigzag el largo de la hoja, prestando más atención a la parte superior y central. |
| **Carta de tres paneles** | - La mayor atención se la lleva la hoja central y más concretamente su parte superior. |

 **ACTIVIDAD COMPLEMENTARIA**

3. No siempre se cuentan con los medios necesarios para afrontar el diseño de una carta, quedando en ocasiones en manos de personal no especializado, que puede no llegar a entender la motivación de las propuestas o cuál debe ser su disposición.
Por eso es muy importante contar con las herramientas necesarias para que todo establecimiento pueda contar con los mismos medios.
Lleva a cabo una investigación sobre páginas web, en las que se permita la creación de cartas o diseños para menú, y que además cumpla con las exigencias del sector.

# 4. Pasos para la elaboración de la carta

### ☞ HILO CONDUCTOR

Esta misma tarde se va a reunir la gerencia del restaurante AGAR con el *maître* y el jefe de cocina. Esta reunión se plantea con el fin de posibilitar el cambio de carta, acordando la metodología que se va a emplear para ello. Así, será determinante especificar las secciones que se van a implantar, el nombre de los platos y su descripción, etc.

La carta es la seña de identidad de tu establecimiento y, por tanto, su elaboración requiere de la aplicación de una metodología que garantice la máxima rentabilidad, contribuya al proceso de servicio y, además, represente de forma fiel al establecimiento.

Para conseguir estos principios, se considera fundamental el seguimiento de los pasos que presentamos a continuación:

1. Establece el gasto que vas a asociar a la elaboración de la carta. Ten presente que de ello dependerán aspectos relacionados con el diseño, la calidad del papel, el formato, etc. Además, considera el número de unidades que requerirás, pues un número insuficiente puede derivar en un retraso en el proceso de servicio.
2. Piensa y determina cuál es tu propuesta gastronómica, ya que el estilo que se implantará en el diseño de la carta será representativo de esta.
3. Conoce a tu clientela y ten presente la apuesta de posibles competidores, el nivel económico de los clientes potenciales a los que te diriges, etc. De esta forma podrás determinar la calidad y formato de la carta.
4. Considera los platos o elaboraciones para incluir en la carta. Ten presente que cartas demasiado extensas disparan los costes y requieren un mayor tiempo de elección por parte del comensal. Así, actualmente se opta por cartas con pocas referencias pero de calidad.
5. Establece los apartados que vas a identificar en la carta, asociados tradicionalmente a una clasificación básica como: entrantes, primeros platos, segundos platos, postres (orden de servicio). O bien otras clasificaciones, como pueden ser:

   a. **En cuanto al producto:** ensaladas, carnes, pescados, arroces, sopas, postres, etc.
   b. **En cuanto a la temperatura de servicio:** platos fríos y platos calientes.
   c. **En cuanto al tipo de ración:** tapas, pinchos, raciones...

6. Establece el nombre de los platos determinando el estilo que seguir (nombres cortos, descripción de la elaboración, uso o no de tecnicismos...).
7. Determina el precio de los platos, así como el sistema seleccionado para su ordenación.
8. Revisa la normativa vigente y establece la información que, de forma obligatoria, tienes que detallar. Un ejemplo de ello es la descripción de los posibles alérgenos.
9. Considera en tu oferta la posible división de los productos en distintas cartas. Esto es muy importante, ya que, cuantas más cartas, mayor será el gasto asociado a su generación y mantenimiento.

## 5. Equilibrio entre platos

 **HILO CONDUCTOR**

La oferta del restaurante AGAR está muy equilibrada tanto en el tipo de producto o elaboraciones servidas como en el precio medio por comensal. Sin embargo, la carta incluye un apartado de sugerencias del día, en la que es posible encontrar alguna elaboración especial, pudiendo estar asociada a la temporalidad de un producto o a la técnica de elaboración requerida para su presentación.

La oferta gastronómica de cualquier establecimiento de restauración deberá ser acorde no solo con las características del establecimiento o *target* de clientes, sino que también es fundamental que la misma oferta presente una concordancia en sí misma.

**EJEMPLO**

No se considera adecuado que un restaurante italiano tenga entre su oferta callos a la madrileña o que una taberna madrileña ofrezca pizza entre sus especialidades.

También es fundamental contemplar cierto equilibrio en cuanto a los precios de la oferta presentada, que, como ya se estudiará a lo largo del contenido, forma parte de la estrategia de todo establecimiento.

## 5.1. Equilibrio gastronómico

A la hora de confeccionar una carta es necesario establecer un equilibrio gastronómico entre las diferentes elaboraciones culinarias, pretendiendo ofrecer una oferta dietéticamente equilibrada, así como atractiva e innovadora. Para ello, se deben considerar los siguientes aspectos:

- Se deben cuidar las recomendaciones nutricionales del comensal ofreciendo una oferta equilibrada y variada, siendo fundamental para ello conocer el perfil del cliente al que nos dirigimos.
- La oferta deberá permitir la elección de elaboraciones frías y calientes.
- No se debe incluir en la oferta dos o más elaboraciones con características o ingredientes similares, ni en el mismo grupo ni en grupos diferentes.
- No utilizar la misma guarnición para dos o más elaboraciones. Hacer uso de guarniciones específicas para cada elaboración.
- En caso de usar salsas, se debe procurar no utilizar para dos o más elaboraciones la misma salsa básica.

 **IMPORTANTE**

En la búsqueda de un correcto equilibrio gastronómico es fundamental la labor del personal de sala, ya que tendrá que orientar al cliente en su elección.

## 5.2. Equilibrio económico

Los precios de los productos o elaboraciones presentadas en la oferta de un establecimiento deben guardar un equilibrio, buscando así un precio medio de venta. Para ello, existen métodos de fijación de precios (se expondrán en próximos epígrafes de manera detallada) que, además de permitir la rentabilidad deseada, facilitan una adecuada implantación en la carta. No obstante, es importante citar los **principios de Omnes,** que consideran:

**Dispersión de precios**
- Los precios de la carta deben permitir una división en tres gamas: baja, media y alta, considerando que la suma de los productos de gama baja y alta no sea superior al número de productos de gama media. Al mismo tiempo, el número de productos de gama alta no deben ser superiores al número de productos de gama baja.

**Apertura de la gama**
- Para cartas que incluyen nueve o menos referencias, la división entre el precio más alto y más bajo no debe ser superior a 2,5. En cartas en las que el número de referencias sea superior a nueve, la apertura de la gama puede llegar a 3.

**Relación calidad precio**
- Hace referencia a la relación entre el precio medio ponderado y el precio medio ofertado, sabiendo que:
  - El precio medio ponderado se corresponde con la cifra bruta de ventas entre el número de unidades vendidas.
  - El precio medio ofertado es la suma del precio de venta de todos los productos entre el número de productos vendidos.

**Promoción**
- Hace referencia a la introducción o mantenimiento de los productos más populares entre los que se ofertan con un precio de la gama media.

## APLICACIÓN PRÁCTICA

Para la nueva temporada, la oferta del restaurante AGAR va a cambiar, y han decidido:

- Reducir el número de referencias, haciendo una carta más dinámica.
- Tener una mayor amplitud de precio en la oferta.
- Incluir platos singulares como el cebiche.
- Se ha impuesto una sección de comida grasienta y XXL.
- Eliminar elaboraciones frías para la temporada de invierno.

¿Sabrías indicar cuál o cuáles de las siguientes decisiones no se deberían aplicar en pro de los estudios de venta actuales?

*Continúa en página siguiente >>*

*<< Viene de página anterior*

**Solución**

La elaboración de una carta debe contemplar tanto el equilibrio gastronómico de los productos elegidos, como el equilibrio económico. Por tanto, de las indicaciones dadas, la única de las opciones a imponer sería la referida a la disminución de platos de la oferta. De esta manera se reducen costes, así como se agiliza el servicio.

---

 **TAREA 3**

En el restaurante AGAR se ha decidido hacer una carta específica para la presentación de los cafés y postres. Para ello, se ha optado por el siguiente diseño:

Sabiendo que el restaurante ofrece un servicio muy exquisito, dirigido a un público serio y de edad avanzada, ¿se ha actuado de forma correcta? Justifica tu respuesta.

---

# 6. Composición de menús, dietas equilibradas

## ☞ HILO CONDUCTOR

La carta del restaurante AGAR ha tenido presente en su diseño las recomendaciones nutricionales establecidas por la Sociedad Española de Nutrición Comunitaria. No obstante, el cliente tiene la última palabra en su elección. Lo que sí se espera por parte del equipo del restaurante es que el cliente se deje asesorar, contribuyendo así a la salud del consumidor.

Para que un menú se considere equilibrado debe cumplir al menos estos cuatro principios fundamentales:

Se precisa de dichos principios para la implantación de una alimentación saludable, y son reconocidos por la Sociedad Española de Nutrición Comunitaria. Suponen la necesidad de imponer una ingesta recomendada, asociada al establecimiento de unas pautas alimentarias que aseguren la correcta ingesta de alimentos energéticos, plásticos y reguladores.

## 6.1. Normas que considerar

Para establecer la composición de un menú hay que analizar en primer lugar el tipo de establecimiento y público objetivo al que va a ir orientado. Al mismo tiempo, la oferta de un menú no debe diferir de las demás ofertas incluidas en el establecimiento como puede ser la carta, ya que puede establecer precedentes en cuanto a la calidad presentada.

Dietéticamente, es importante considerar a los clientes asiduos, ya que su correcta alimentación dependerá en gran medida de nuestra oferta. En este caso es necesario ofrecer una oferta variada, y es fundamental el cumplimiento de las siguientes premisas:

1. Las elaboraciones a incluir deberán cumplir con las exigencias nutricionales del público general.
2. La oferta de menú debe tener presentes las patologías del público objetivo, incluyendo elaboraciones aptas para diabéticos, celiacos, hipertensos, etc.
3. La oferta debe adecuarse a la temporalidad del producto, así se conseguirá un mayor aporte nutricional.
4. Adaptar la oferta al público objetivo, teniendo presente su gasto energético.
5. Adaptar el menú a las consideraciones y recomendaciones básicas, como puede ser el uso de aceite de oliva virgen extra, como elemento graso y la reducción de sal.
6. Siempre que tu oferta lo permita, no dejes de incluir en el menú productos como las legumbres y hortalizas, tanto como elaboración principal, como también formando parte de guarniciones.
7. En la oferta de postres, incluye propuestas en las que las frutas y zumos naturales tengan un protagonismo especial, evitando al mismo tiempo productos con aportes altos de azúcares y grasas.
8. En la oferta no debes olvidar incluir elementos ricos en fibra, omega 3...
9. Los pescados también son productos a tener muy presentes, por lo que se deberían incluir como parte principal de la oferta.

## 7. Planificación de menús semanales y menús diarios

 **HILO CONDUCTOR**

En el restaurante AGAR se incluye un menú diario basado en una planificación semanal. Su implantación persigue facilitar la gestión del establecimiento en los procesos de compras, *mise en place...* Al mismo tiempo, este menú permite un control según las necesidades nutricionales de posibles clientes asiduos.

La correcta planificación de un menú representa una opción ventajosa en cuanto a los procesos de compras, de gestión y de desarrollo de todo establecimiento, ya que permite conocer de antemano las necesidades específicas de insumos, maquinaria y personal.

Al mismo tiempo, la planificación de los menús puede contribuir al aprovechamiento de insumos relacionados con otras posibles ofertas del establecimiento (banquetes y carta principalmente). A su vez, los históricos de ventas permiten conocer los consumos asociados a dicha planificación, lo que facilita el desarrollo de estrategias de compras, con precios más competitivos o un mayor beneficio, permitiendo a largo plazo un posicionamiento destacado en relación a la competencia.

La confección o planificación de los menús también persigue aumentar el gasto medio por cliente, de forma que su confección tiene que tener presentes las técnicas actuales de gestión. Será fundamental considerar el denominado menú *engineering,* así como otros métodos de fijación de precios, de entre los que cabe destacar el **sistema *food cost,* factor multiplicador** y el **sistema *prime cost.***

El **sistema *food cost*** consiste en dividir el coste de un artículo entre el porcentaje de coste que quieres que suponga dicho coste.

 **EJEMPLO**

Coste artículo 5 €

Porcentaje que supone 30 %

Total: 5/0.3 = 16.66 €

Esto garantiza un 70 % de ingresos para hacer frente a los demás gastos.

El **factor multiplicador** consiste en multiplicar el coste de materia prima por un valor determinado. Este valor puede ser representativo de la empresa.

 **EJEMPLO**

Coste artículo 5 €

Factor multiplicador 3

Total: 3 x 5 = 15 €

El precio de venta del artículo sería de 15 €

El **sistema *prime cost*** consiste en calcular el precio final, teniendo presente el coste de materia prima y el coste de mano de obra.

 **EJEMPLO**

Coste materia prima: 3 €

Coste mano de obra: 5 €

% beneficio bruto que se quiere obtener: 30 %

Total: (5 + 3) * (1 + 0,3) = 10,4

El precio de venta del artículo sería de 10,4 €

## 7.1. Tipos de menús

La oferta gastronómica indicada bajo la denominación de menú se caracteriza por presentar una serie de platos ofertados a un precio cerrado, pudiendo incluir o no las bebidas, así como otros elementos característicos de un servicio de restauración.

La imposición de un menú no siempre indica una oferta diferente a diario; sirvan como ejemplo los denominados menús degustación, en los que un mismo menú es ofrecido normalmente por temporada, dando a conocer una filosofía específica del establecimiento. No obstante, no es la única opción, ya que en las necesidades de gestión pueden aplicarse otras modalidades, como las presentadas a continuación:

- **Menú del día:** se trata de un menú simple ideado para ser cambiado a diario pudiendo así cubrir las exigencias de una clientela habitual y repetitiva.
- **Menú degustación:** consiste en una propuesta culinaria en la que se agrupa un gran número de platos, dando a degustar una amplia gama de productos del establecimiento. Esto implica que las raciones ofrecidas sean reducidas.
- **Menú gastronómico:** es un menú en el que destaca un producto. Suele ser ofrecido en jornadas gastronómicas, siendo características las setas, la caza, etc. Su oferta suele ceñirse a un periodo de tiempo relativamente corto (semanal, quincenal...) y su propósito es potenciar el consumo de dicho producto.
- **Menú especial:** se trata de un menú confeccionado para cubrir un evento específico. Normalmente su elaboración viene motivada por determinadas festividades, tales como el Día del Padre, San Valentín...
- **Menú ejecutivo:** consiste en cubrir un *target* de clientela específico. Se trata de un menú diario en el que se expone una oferta gastronómica más selecta y sofisticada.
- **Menú concertado:** son menús confeccionados con el fin de cubrir un evento o una oferta determinada. La variedad de este tipo de menú es tan amplia como las posibles exigencias solicitadas por el comensal.
- **Menú infantil:** menú diseñado de forma específica para este público y, por tanto, visualmente muy atractivo y característico.
- **Menú carta:** se trata de agrupar en una oferta especial algunos de los platos de la carta con el fin de ofrecer al cliente una oferta más amplia.

## 8. Aprovechamiento de productos

 **HILO CONDUCTOR**

La citada planificación semanal impuesta para la gestionar el establecimiento AGAR posibilita un alto porcentaje en cuanto a aprovechamiento. Así, por ejemplo, al día siguiente de ofrecer en el menú cocido madrileño, la oferta del establecimiento incluye como elaboración a servir ropa vieja, siendo un plato muy demandado por su carácter tradicional.

La oferta menú permite un mayor control de la materia prima o insumos necesarios para su confección. Además, los requerimientos de preparación y organización también se simplifican, más aún si en la planificación se tiene presente el posible aprovechamiento de aquellas preparaciones que pueden ser comunes en más de una elaboración.

Planificar un menú debe conjugar dichas premisas (materia prima - proceso de elaboración - composición), considerando al mismo tiempo la correcta manipulación y conservación. Así, por ejemplo, en una oferta de menú que, a lo largo de la semana, incluye elaboraciones con la misma base o bases similares puede ser llevada a cabo al mismo tiempo, siendo dividida y conservada de forma adecuada. Del mismo modo, hay elaboraciones que, de no ser servidas, pueden ser sometidas a procesos culinarios singulares que facilitarán la elaboración de otro producto en principio diferente.

## NOTA

Un producto o elaboración culinaria que ha sido servido al cliente en ningún caso puede ser reutilizado ni contemplado como ingrediente de cualquier otra elaboración.

La gran diversidad de técnicas culinarias e ingredientes hacen posible un alto porcentaje de aprovechamiento de los productos. Por tanto, la confección del menú así debe contemplarlo, persiguiendo el denominado "desperdicio 0".

Algunos ejemplos representativos del posible aprovechamiento culinario hacen referencia a las siguientes elaboraciones:

**Cocido madrileño con garbanzos**
- La diversidad de ingredientes de esta preparación hace posible su aprovechamiento en elaboraciones como humus, quiches, croquetas y ensaladas, entre otros.

**Patatas asadas**
- La patata es uno de los productos con mayor rendimiento en la cocina, y puede ser empleada en la elaboración de purés, ensaladillas, como elemento espesante en cremas...

*Continúa en página siguiente >>*

*<< Viene de página anterior*

**Carnes y productos del mar cocinados**
- El alto precio de este tipo de materia prima hace que debamos perseguir su máximo aprovechamiento, siendo común al respecto su empleo para guarnecer tortillas, hacer revueltos, complementar la elaboración de salsas para pastas o incluso servir como fondo para una gran diversidad de farsas.

**Productos de panadería y pastelería**
- Son muchas las elaboraciones que permiten el aprovechamiento de productos como el pan o las masas batidas (bizcochos), obteniéndose elaboraciones distintas. Uno de los ejemplos más característicos es el pudin.

También es importante considerar que un alto porcentaje de los alimentos utilizados en las elaboraciones culinarias son perecederos y, por tanto, sus características organolépticas pueden mermar durante su periodo de conservación, por lo que perderán atractivo para el comensal aun siendo aptos para el consumo. Esto es muy propio de productos como las frutas y las verduras, y existen al respecto elaboraciones que permiten su aprovechamiento. Algunos ejemplos son los siguientes:

| Frutas y hortalizas con una maduración excesiva | Frutas golpeadas o manchadas |
| --- | --- |
|  |  |
| - Podrán ser empleadas para la elaboración de culís, salsas, purés, farsas, fondos, etc. Sirva como ejemplo la salsa de tomate o el culí de frutos rojos.<br>- La elaboración de salsas permite el aprovechamiento de productos que, aunque estén en buen estado, no presentan un aspecto óptimo. | - Podrán ser empleadas para la elaboración de macedonias o formar parte de ensaladas, guarnecer bebidas, decorar tartas, etc.<br>- Siempre que se retire la parte no comestible y se asegure que no afecta a las cualidades organolépticas, este producto puede ser aprovechado en infinidad de elaboraciones. |

 **TAREA 4**

En el restaurante AGAR se ha decidido incluir en la oferta de menú semanal para los meses estivales algunas referencias nuevas. Dichas referencias hacen relación tanto a platos principales como a guarniciones:

- Sopa fría de tomate (gazpacho).
- Arroz caldoso de bogavante.
- Pipirrana de marisco.
- Pisto manchego.

Conociendo la composición y procesos de elaboración de cada una de las nuevas propuestas, ¿se propicia el aprovechamiento de insumos relacionados con su formulación?

¿Su elaboración en conjunto facilita el proceso relacionado con la *mise en place* diaria? Justifica tu respuesta.

---

# 9. Resumen

El concepto gastronómico hace referencia a la identidad de un establecimiento, relacionándose a su vez con la oferta de alimentos y bebidas, el tipo de servicio o incluso la decoración, entre otros factores.

La oferta gastronómica se actualiza a diario. Algunos conceptos de referencia son los siguientes:

- ⮑ *Food truck*
- ⮑ Alta cocina *low cost*
- ⮑ Centros de ocio gastronómico
- ⮑ Barras y mesas gastronómicas
- ⮑ Restaurantes "pop-up"

Todo establecimiento requiere presentar su oferta, en la que es representativo el uso de la denominada carta. Ten presente que su diseño, estado de conservación o incluso su distribución afectarán en la elección del comensal, por lo que es fundamental considerar aspectos como el equilibrio entre los platos presentados:

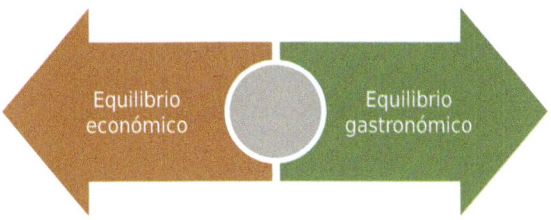

La oferta gastronómica también puede estar basada en la presentación de un menú o menús. Su confección, al igual que en el caso de la carta, debe ser estudiada, e intentar cumplir al menos con los siguientes principios:

- Ser suficiente
- Ser equilibrado
- Ser variado
- Ser agradable

En cuanto al tipo de oferta del establecimiento, existe una gran variedad de menús. Los más característicos son:

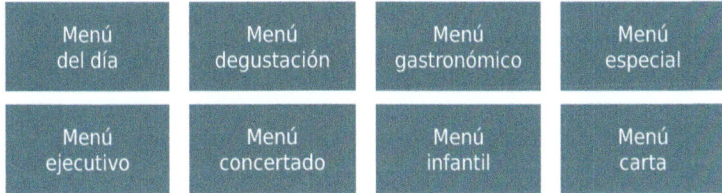

Hay que tener presente que una correcta distribución de un menú, así como su implantación en el establecimiento, debe pretender el máximo aprovechamiento de los insumos o materia prima que los componen, ya que normalmente ofrecen un precio muy competitivo, por lo que un exceso de mermas podría no hacer viable su ofrecimiento.

# Ejercicios de autoevaluación
# Unidad de Aprendizaje 2

**1. Indica si las siguientes afirmaciones son verdaderas o falsas:**

a. El canal HORECA hace referencia a los conceptos de hostelería, restaurante y *catering*.

- ■ Verdadero
- ■ Falso

b. Los establecimientos que ofrecen comida para degustar fuera del establecimiento no pueden definirse dentro del concepto de restauración.

- ■ Verdadero
- ■ Falso

c. La actividad comercial que engloba a los establecimientos que ofrecen alimentos, bebidas y alojamiento se denomina hostelería.

- ■ Verdadero
- ■ Falso

**2. Indica qué factores se imponen para logar la denominada alta cocina *low cost:***

a. Uso de productos de baja calidad.
b. Uso de técnicas de cocina complejas.
c. Imposición de un servicio informal.
d. Todas las opciones son incorrectas.

**3. Los denominados restaurantes "pop-up" se caracterizan por...**

a. ... el precio reducido de su oferta.
b. ... ofrecer una oferta gastronómica que no perdura en el tiempo, abriendo sus puertas de forma limitada.
c. ... no ofrecer entre su oferta alimentos de procedencia animal.
d. ... su oferta gastronómica denominada *fast food*.

**4. Indica si las siguientes afirmaciones son verdaderas o falsas:**

a. Las cartas con formatos grandes suponen un manejo incómodo, pudiendo además suponer un riesgo para el resto de elementos de la mesa.

- Verdadero
- Falso

b. Las cartas con formatos excesivamente pequeños dificultan el proceso de elección del comensal.

- Verdadero
- Falso

c. El formato y diseño de la carta debe relacionarse con la categoría del establecimiento, su oferta, el tipo de servicio, etc.

- Verdadero
- Falso

d. El uso de trípticos para exponer la oferta de un establecimiento se recomienda en aquellos casos en los que el servicio se desarrolle sobre grandes mesas.

- Verdadero
- Falso

**5. El tamaño y formato de una carta influirá en aspectos como...**

a. ... la decisión de compra.
b. ... la imagen del establecimiento.
c. ... el posicionamiento de los productos.
d. Todas las opciones son correctas.

**6. Al observar una carta de un solo panel, la mayor atención se pondrá en:**

a. La parte central del panel.
b. La parte superior izquierda del panel.
c. La parte inferior derecha.
d. La parte superior derecha.

7. **Indica las opciones correctas. En la búsqueda de un equilibrio gastronómico, en la oferta del establecimiento se contempla como correcto...**

   a. ... que la oferta gastronómica se oriente a las recomendaciones nutricionales del comensal.
   b. ... que se incluyan tanto elaboraciones frías como calientes.
   c. ... que la guarnición utilizada sea única.

8. **El diseño y composición de un menú debe ser...**

   a. ... suficiente.
   b. ... equilibrado.
   c. ... variado.
   d. Además de cumplir con las premisas anteriores, es muy importante que sea agradable.

9. **Entre las premisas que imponer en cuanto a los principios de Omnes, se indica que...**

   a. ... se establece una división de dos gamas en torno al precio.
   b. ... en aquellas ofertas que incluyen 9 o menos referencias, la división entre el precio más alto y más bajo no debe ser superior a 2,5.
   c. ... las cartas deben mostrar un mínimo de 18 referencias.
   d. ... el precio más bajo de una elaboración presentada en carta será superior a 3,5 euros.

10. **El menú ejecutivo se caracteriza por:**

   a. Su reducido precio, orientado para usuarios de empresas cercanas al establecimiento.
   b. Presentar un único plato entre su oferta principal, permitiendo solo la elección del entrante y postre.
   c. Incluir bebidas alcohólicas de gran calidad y graduación.
   d. Ser un menú diario en el que se expone una oferta gastronómica más selecta y sofisticada, dirigida a un *target* de clientela específico.

# Creación de cartas de vinos y menús especiales

## Contenido

## Objetivos

El objetivo general de esta Unidad de Aprendizaje es:

→ Diseñar cartas de vinos, elaborar menús especiales para eventos y conjugar un correcto maridaje.

Los objetivos específicos de esta Unidad de Aprendizaje son:

→ Identificar las distintas denominaciones de origen españolas e internacionales.

→ Llevar a cabo una correcta composición de la oferta de vinos de un establecimiento.

→ Elaborar menús especiales para eventos.

→ Relacionar la oferta de menú con el vino que se va a servir (maridaje).

# 1. Introducción

Ofrecer una buena carta de vinos se asocia con una oferta gastronómica de calidad, dando además valor y prestigio al establecimiento, más aún si esta oferta incluye un gran número de referencias.

La imposición de una oferta de vinos de calidad requiere conocer al menos las principales denominaciones de origen nacionales, pudiendo incluso contemplar algunas internacionales, todo ello según las características de nuestra oferta y el tipo de cliente al que nos queremos dirigir.

Pese a que el vino ha sido en cierto modo tabú, en la actualidad es un elemento más en la oferta de todo establecimiento de restauración y hostelería, siendo el responsable de su gestión el sumiller, figura de gran relevancia, ya que a través de una correcta gestión de la bodega podrá rentabilizarse de forma exponencial cualquier vino.

En cuanto a los menús especiales para eventos, es importante indicar que no solo la oferta en comida es importante, sino que también se debe considerar su maridaje, de modo que es otro de los aspectos de gran rentabilidad debido normalmente al alto volumen de consumo asociado a este tipo de organización.

En función de estas premisas, y para dar mayor practicidad a este contenido, continuaremos exponiendo los casos establecidos en el restaurante AGAR.

# 2. Clasificación de las principales denominaciones de origen españolas e internacionales

## ☞ HILO CONDUCTOR

La carta de vinos del restaurante AGAR presenta unas 40 referencias, de las cuales solo dos se corresponden con vinos internacionales; los pertenecientes a la Appellation d'origine contrôlée (A. O. C.) Chinon.

*Continúa en página siguiente >>*

*<< Viene de página anterior*

Se espera que la gestión de la bodega permita incrementar la oferta, llegando a duplicarla en unos años, e incluir algunas otras denominaciones de origen españolas, así como referencias de otros países.

------------------------------------------------

Presentar una carta de vinos es una ardua tarea que requiere, entre otros factores, tener un amplio conocimiento sobre los distintos tipos de vino que el mercado nos ofrece. Para ello, conocer las distintas denominaciones de origen es una muy buena opción, ya que permite estar al tanto del origen de un vino, así como las exigencias relacionadas con su producción, procedencia, elaboración, etc.; referencias reguladas por la normativa vigente y que controla cada consejo regulador, que velará por garantizar la mejor de las garantías en el producto durante todo el proceso de producción.

## NOTA

La legislación española diferencia 137 denominaciones de calidad en el vino, de las cuales 95 son denominaciones de origen (D. O.) y 42 indicaciones geográficas protegidas (I. G. P.).

------------------------------------------------

## 2.1. Vinos con denominación de origen en España

Con el fin de contribuir a la correcta denominación de los vinos, es necesario acatar las indicaciones de la normativa que los regula. Destaca el Reglamento (UE) n.° 1308/2013, por el que se dan a conocer en su artículo 93 las definiciones de "denominación de origen" y de "indicación geográfica":

| **Denominación de origen** |
| :-- |

- Se entiende por denominación de origen al nombre de una región, de un lugar determinado o, en casos excepcionales debidamente justificados, de un país, que sirve para designar un producto (vino), que cumple los siguientes requisitos:
  - La calidad y características del vino se asocian exclusivamente a un entorno geográfico particular, con los factores naturales y humanos inherentes a él.
  - Las uvas utilizadas en la elaboración del vino proceden exclusivamente de esa zona geográfica.
  - La elaboración del vino tiene que llevarse a cabo en la zona geográfica indicada.
  - Las uvas empleadas se obtienen de variedades de vid de la especie *Vitis vinifera*.

| **Indicación geográfica** |
| :-- |

- La indicación geográfica hace referencia a una región, un lugar determinado o, en casos excepcionales debidamente justificados, a un país, que sirve para designar un producto (vino), que cumple los siguientes requisitos:
  - Posee una calidad, una reputación u otras características específicas atribuibles a su origen geográfico.
  - Al menos el 85 % de la uva utilizada en su elaboración procede exclusivamente de la zona geográfica indicada.
  - La elaboración tiene lugar en dicha zona geográfica.
  - Las uvas empleadas se obtienen de variedades de vid de la especie *Vitis vinifera* o de un cruce entre esta especie y otras especies del género *Vitis*.

 **IMPORTANTE**

Dentro de las denominaciones de origen, existe de forma específica una clasificación superior, llamada "denominación de origen calificada", que, además de los condicionantes propios de la denominación de origen, implica los siguientes:

- Deben transcurrir diez años desde su reconocimiento como denominación de origen.
- Los productos deben embotellarse de forma exclusiva en bodegas inscritas y ubicadas en la zona geográfica delimitada.
- Los terrenos de producción con derecho a la denominación de origen calificada deben estar delimitados cartográficamente por cada término municipal.

## Denominaciones de origen en España

En España existe un total de 95 denominaciones de origen protegidas, incluyéndose las designadas como calificadas. A su vez, dentro de estas pueden existir los denominados **vinos de pago** y **vinos de la tierra,** en los que se reconocen aquellos que, por su entorno y características propias de suelo y microclima, son diferentes y peculiares.

Para su descripción se puede optar por distintas fórmulas, aunque la más apropiada y simple es la que se establece por comunidades autónomas.

Las denominaciones localizadas en **Andalucía** son:

- D. O. Condado de Huelva.
- D. O. Granada.
- D. O. Jerez-Xérèz-Sherry.
- D. O. Málaga.
- D. O. Manzanilla Sanlúcar de Barrameda.
- D. O. Montilla-Moriles.
- D. O. Sierras de Málaga.
- V. C. Lebrija.

Las denominaciones localizadas en **Aragón** son:

- D. O. Calatayud.
- D. O. Campo de Borja.
- D. O. Cariñena.
- D. O. Somontano.
- D. P. Aylés.

En **Asturias** solo existe registrada una denominación:

- V. C. Cangas.

Las denominaciones localizadas en **Canarias** son:

- D. O. Lanzarote.
- D. O. Abona.
- D. O. El Hierro.
- D. O. Gran Canaria.
- D. O. La Gomera.
- D. O. La Palma.
- D. O. Tacoronte-Acentejo.
- D. O. Valle de la Orotava.

- D. O. Valle de Güímar.
- D. O. Ycoden-Daute-Isora.
- V. C. Islas Canarias.

Las denominaciones localizadas en **Castilla-La Mancha** son:

- D. O. Almansa.
- D. O. Manchuela.
- D. O. Méntrida.
- D. O. Mondéjar.
- D. O. Ribera del Júcar.
- D. O. Uclés.
- D. O. Valdepeñas.
- D. O. La Mancha.
- V. P. Calzadilla.
- V. P. Campo de Guardia.
- V. P. Casa del Blanco.
- V. P. Dehesa del Carrizal.
- V. P. Dominio de Valdepusa.
- V. P. El Vicario.
- V. P. Finca Élez.
- V. P. Guijoso.
- V. P. La Jaraba.
- V. P. Vallegarcía.
- V. P. Los Cerrillos.
- V. P. Pago Florentino.

Las denominaciones localizadas en **Castilla y León** son:

- D. O. Arlanza.
- D. O. Arribes.
- D. O. Bierzo.
- D. O. Cigales.
- D. O. Ribera del Duero.
- D. O. Rueda.
- D. O. Tierra de León.
- D. O. Tierra del Vino de Zamora.
- D. O. Toro.
- V. C. Cebreros.
- V. C. Sierra de Salamanca.
- V. C. Valles de Benavente.
- V. C. Valtiendas.

Las denominaciones localizadas en **Cataluña** son:

- D. O. Alella.
- D. O. Ca. Priorato.
- D. O. Cataluña.
- D. O. Conca de Barberá.
- D. O. Costers del Segre.
- D. O. Empordà.
- D. O. Montsant
- D. O. Penedés.
- D. O. Pla de Bages.
- D. O. Tarragona.
- D. O. Terra alta.

En **Extremadura** solo existe registrada una denominación:

- D. O. Ribera del Guadiana.

Las denominaciones localizadas en **Galicia** son:

- D. O. Monterrei.
- D. O. Rías Baixas.
- D. O. Ribeira Sacra.
- D. O. Ribeiro.
- D. O. Valdeorras.

Las denominaciones localizadas en islas **Baleares** son:

- D. O. Binissalem.
- D. O. Pla i Llevant.

En **La Rioja** solo existe registrada una denominación:

- D. O. Ca. Rioja.

En **Madrid** solo existe registrada una denominación:

- D. O. Vinos de Madrid.

Las denominaciones localizadas en **Murcia** son:

- D. O. Bullas.
- D. O. Yecla.

Las denominaciones localizadas en **Navarra** son:

➲ D. O. Navarra.
➲ V. P. Pago de Arinzano.
➲ V. P. Pago de Otazu.
➲ V. P. Prado de Irache.

Las denominaciones localizadas en **País Vasco** son:

➲ D. O. Chacolí de Álava - Arabako Txacolina.
➲ D. O. Chacolí de Bizkaia - Bizkaiko Txacolina.
➲ D. O. Chacolí de Getaria - Getariako Txacolina.

Las denominaciones localizadas en la **Comunidad Valenciana** son:

➲ D. O. Alicante.
➲ V. P. El Terrerazo.
➲ V. P. Los Balagueses.
➲ D. O. Utiel-Requena.
➲ D. O. Valencia.

 **IMPORTANTE**

Existen tres denominaciones de origen de titularidad estatal, abarcando en su ámbito de producción y elaboración dos o más comunidades autónomas. Estas se denominan supraautonómicas, y son:

• D. O. Cava.
• D. O. Jumilla.
• D. O. Ca. Rioja.

**RECUERDA**

Las dos únicas denominaciones de origen reconocidas como "calificada" son Rioja y Priorato.

## Indicaciones geográficas protegidas

Una indicación geográfica protegida sirve para designar a los vinos que se elaboran en una determinada zona geográfica a partir de uvas que procedan, al menos en un 85 %, de dicha zona. Normalmente esta indicación se relaciona con el paso previo de obtención de la denominación de origen. En España se diferencian las mostradas a continuación.

Las indicaciones geográficas protegidas en **Andalucía** son:

- V. T. Altiplano de Sierra Nevada.
- V. T. Bailén.
- V. T. Cádiz.
- V. T. Córdoba.
- V. T. Cumbres del Guadalfeo.
- V. T. Desierto de Almería.
- V. T. Laderas del Genil.
- V. T. Laujar-Alpujarra.
- V. T. Los Palacios.
- V. T. Norte de Almería.
- V. T. Ribera del Andarax.
- V. T. Sierra Norte de Sevilla.
- V. T. Sierra Sur de Jaén.
- V. T. Sierras de las Estancias y los Filabres.
- V. T. Torreperogil.
- V. T. Villaviciosa de Córdoba.

Las indicaciones geográficas protegidas en **Aragón** son:

- V. T. Bajo Aragón.
- V. T. Ribera del Gállego-Cinco Villas.
- V. T. Ribera del Jiloca.
- V. T. Valdejalón.
- V. T. Valle del Cinca.

Las indicaciones geográficas protegidas en **Cantabria** son:

- V. T. Costa de Cantabria.
- V. T. Liébana.

En **Castilla-La Mancha** solo existe una indicación geográfica protegida:

- V. T. Castilla.

En **Castilla y León** solo existe una indicación geográfica protegida:

➲ V. T. Castilla y León.

En **Extremadura** solo existe una indicación geográfica protegida:

➲ V. T. Extremadura.

Las indicaciones geográficas protegidas en **Galicia** son:

➲ V. T. Barbanza e Iria.
➲ V. T. Betanzos.
➲ V. T. Ribeiras do Morrazo.
➲ V. T. Valle del Miño-Ourense / Val do Miño-Ourense.

Las indicaciones geográficas protegidas en Islas **Baleares** son:

➲ V. T. Formentera.
➲ V. T. Ibiza.
➲ V. T. Illes Baleares.
➲ V. T. Isla de Menorca.
➲ V. T. Mallorca.
➲ V. T. Serra de Tramuntana-Costa Nord.

En **La Rioja** solo existe una indicación geográfica protegida:

➲ V. T. Valles de Sadacia.

Las indicaciones geográficas protegidas en **Murcia** son:

➲ V. T. Campo de Cartagena.
➲ V. T. Murcia.

En **Navarra** solo existe una indicación geográfica protegida:

➲ V. T. 3 Riberas.

En la **Comunidad Valenciana** solo existe una indicación geográfica protegida:

➲ V. T. Castelló.

## IMPORTANTE

Existe una indicación geográfica protegida de titularidad estatal, abarcando en su ámbito de producción y elaboración dos o más comunidades autónomas (supraautonómica), y es V. T. Ribera del Queiles.

---

## 2.2. Vinos con denominación internacionales

Países como **Francia, Portugal** o **Italia** son grandes productores de vino. No obstante, no son los únicos, y actualmente gozan de éxito otros países como Alemania, Sudáfrica, Estados Unidos (California, Oregón, Virginia o Washington, principalmente), Chile, Argentina, Australia, Austria y Grecia, mostrando todos ellos unos **caldos excelentes,** con tipologías propias asociadas al tipo de uvas empleadas, técnicas de elaboración, climatología, etc. Por ello, es necesaria una regulación que permita su control y que asegure unas características organolépticas y calidades mínimas en el producto para su distribución.

La hegemonía de estos países viene acompañada por una clasificación y denominación. No obstante, cada país muestra una terminología propia que se ajusta a sus necesidades orográficas, de producción, comercialización, etc. Sin olvidar además las pautas e indicaciones facilitadas por la normativa común y la organización internacional de la viña y el vino (OVI).

Profundizar en el estudio de las denominaciones de origen internacionales es una ardua labor debido a la inmensidad en variedades. Sin embargo, es importante conocer al menos algunas de las más representativas:

Las grandes regiones vitícolas **francesas** son:

- **Alsacia.** Incluye las denominaciones Alsace A. O. C. y Alsace Gran Cru A. O. C.
- **Beaujolais.** Incluye las denominaciones Beaujolais A. O. C. y Beaujolais-Villages A. O. C. Además, existen diez pueblos que están autorizados a dar nombre al vino, reconociéndose como "cruz de Beaujolais" y son: Brouilly, Côté-de-Brouilly, Régnié, Morgon, Chiroubles, Fleurie, Moulin-à-Vent, Saint-Amour, Juliénas y Chénas.
- **Burdeos.** Incluye más de 53 denominaciones, entre las que se puede destacar: Bordeaux, Médoc, Pauillac, Pomerol y Saint-Julien, entre otras.

- **Borgoña.** Diferencia seis regiones, destacando algunas denominaciones: Bourgogne, Bourgogne-Aligoté, Côtés de Beaune, Côte Chalonnaise, Côtes de Nuíts...
- **Champagne.** Se extiende a través de 35 mil hectáreas, presentando la mayor concentración de *grands crus* y *premiers crus*.
- **Languedoc-Rosellón.** Presenta la zona productora más grande de Francia, incluyendo las siguientes denominaciones: Côtes du Roussillón, Fitou, Minervois, Corbiéres, Blanquette de Limoux, Costières de Nimes, Clairette du Languedoc y Côteaux du Languedoc.
- **Provenza.** Se dice que el vino francés nació en esta zona. Dando amparo, entre otras, a las siguientes denominaciones: Côtes de Provence, Côteaux-d'Aix-en-Provence, Bandol, Bellet, Cassis y Palettes.
- **Córcega.** Esta región presenta una única denominación general: Vin de Corse, y dos denominaciones de origen: Ajaccio y Patrimonio.
- **Sud-oest.** Presenta una gran diversidad de vinos, destacando los gaillac, los montbazillac y jurançon, los bergerac, los madiran, los cahors y los buzet.
- **Valle del Loira.** Cuenta con un gran número de denominaciones de origen, de las que destacan: Chinon, Saumur, Saint-Nicolas de Bourgueil, Anjou y Sancerre, entre otras.
- **Valle del Ródano.** Cuenta con 22 denominaciones de origen, de las que hay que destacar: Tabel, Côtes du Ventoux, Côtes-du-Rhône, Hermitage, Saint Joseph, Châteauneuf-du-Pape, Côtes Rôtie y Gigondas.

Las grandes regiones vitícolas de **Italia** son:

- **Piamonte.** Incluye gran variedad de D. O. C. y D. O. C. G., de las que hay que destacar algunas ilustres como Barola y Barbaresco.
- **Valle de Aosta AOC y Liguria.** Incluye la D. O. C. Liguria, caracterizándose por viñedos plantados en estrechas terrazas.
- **Lombardía.** Incluye las siguientes D. O. C. y D. O. C. G.: Riveira del Garda Bresciano, Lugano y Franciacorta.
- **Emilia-Romagna.** Incluye las siguientes D. O. C.: Sorbara, Salamino di Santa Croce, Grasparossa di Castelvetro y Reggiano.
- **Véneto.** Incluye tres de las D. O. C. más famosas del mundo: Soave, Valpolicella y Bardolino.
- **Friul-Venecia Julia.** Incluye las siguientes D. O. C.: Collio, Colli Orientali y Grave del Friuli.
- **Toscana.** Incluye como principal D. O. C. G., Chianti. Además, otras como: D. O. C. G. Brunello di Montalcino, D. O. C. G. Vino Nobile di Montepulciano, D. O. C. G. Carmignano y D. O. C. G. Pomino.
- **Umbría.** Incluye las siguientes D. O. C.: Orbieto, Sagrantino di Montefalco, Rosso di Montefalco y Torgiano.
- **Las marcas.** Incluye las siguientes D. O. C.: Verdicchio dei Castelli di Jesi, Rosso Cònero.

- **Apulia.** Incluye las siguientes D. O. C.: Castel del Monte, Locorotondo, Salice Salentino.
- **Sicilia.** Incluye las siguientes D. O. C.: Alcamo y Cerasuolo di Vittoria.

**Marruecos** cuenta con doce regiones productoras de vino, de las que es importante destacar las siguientes:

- **Mequinez/Fez.** Diferencia las siguientes denominaciones de calidad: Guerrouane, Beni M'tir, Sais, Beni Sadden y Zerhoune.
- **Gharb.** Destacan las siguientes denominaciones de calidad: Gharb y Zemmour.
- **Rabat.** Se incluyen las denominaciones de Chellah y Zaer.
- **Casablanca.** Destaca la denominación de origen Zenata.

Las grandes regiones vitícolas **sudafricanas** están situadas el suroeste de Ciudad del Cabo y clasifica a los vinos bajo un sistema de origen (WO). Así, diferencia entre:

- Coastal región WO.
- Breede River Valley Region WO.

A su vez, se diferencian otros distritos como: Boberg Region WO y Piletberg District WO, entre otros.

 **PARA SABER MÁS**

Accede al siguiente enlace en el que podrás observar de forma detallada cada una de las principales denominaciones de origen internacionales, incluyendo datos sobre el tipo de uva utilizado, los vinos comercializados, la extensión, etc.

https://redirectoronline.com/hotr025po0301

 **TAREA 5**

Como sumiller del restaurante AGAR, tienes que hacer frente a la petición de un cliente. Concretamente, te solicita información sobre algunas referencias incluidas en la oferta del establecimiento. Se trata de:

- La D. O. Pla i Llevant ¿a qué región o provincia pertenece?
- La D. O. Monterrei ¿a qué región o provincia pertenece?
- ¿Por qué se dice que la D. O. Cava es una de las denominaciones de origen de titularidad estatal?
- La D.O. Médoc ¿a qué región española pertenece? ¿Se trata de un vino internacional?

¿Sabrías dar respuesta a las cuestiones planteadas por el cliente? ¿Qué le indicarías? Justifica tu respuesta.

- - - - - - - - - - - - - - - - - - - - - - - - - - - - - - - - - - - - - - - - -

## 3. Composición de una carta sencilla de vinos

### 👉 HILO CONDUCTOR

Dada la ubicación del restaurante AGAR, se da mucha importancia a los vinos de la provincia, en concreto, las D. O. Sierras de Málaga y D. O. Málaga. No obstante, también se incluyen referencias de otras denominaciones como Rueda, Ribera del Duero o Rioja, debido a la importancia que tradicionalmente han tenido estos caldos.

Al mismo tiempo, la selección de vinos contempla vinos blancos, tintos y dulces, así como otros vinos especiales. Todos ellos están contemplados en la carta de forma ordenada.

- - - - - - - - - - - - - - - - - - - - - - - - - - - - - - - - - - - - - - - - -

La presentación y composición de la carta de vinos debe incluir, además de la ubicación del establecimiento, el tipo de oferta gastronómica, el nivel económico del cliente, la capacitación del personal de sala o la temporalidad del vino y los gustos y opiniones de sus clientes, ya que serán, en definitiva, los que tengan la última palabra.

El número de referencias también es un dato que considerar, pues será determinante según la capacidad de almacenamiento del establecimiento. Asimismo, ten presente la importancia de la rotación de los vinos, así como los cuidados específicos requeridos hasta su consumo. De forma generalizada, un restaurante medio suele presentar unas 20 referencias.

*La confección de la carta de vino debe considerar aspectos como el tipo de clientela, tipo de oferta gastronómica, capacidad de almacenamiento, etc.*

 **NOTA**

El número de referencias de vino de un restaurante también hace que se asocie con un cierto prestigio del local. Un ejemplo a destacar puede ser el siguiente:

https://redirectoronline.com/hotr025po0302

## 3.1. Estructuración de la carta de vinos

La elaboración de la carta de vinos ha de contemplar tanto las características del establecimiento como los rasgos de los clientes, no solo con el fin de propiciar la venta, sino que también será fundamental para el control de la bodega y la imposición de una correcta rotación de aquellas referencias que así lo requieran.

Normalmente es el sumiller el encargado de su confección. Sin embargo, la colaboración de otros perfiles profesionales como el *maître* o jefe de cocina también son muy considerados para propiciar el maridaje de las elaboraciones culinarias o la confección de posibles menús.

### Establecer el orden en función del tipo de vino

La presentación de los vinos en la carta debe facilitar el servicio, siendo un agrupamiento común el llevado a cabo por el tipo de vino. Se diferencian así los siguientes:

- Vinos espumosos
- Vinos generosos
- Vinos blancos jóvenes
- Vinos blancos crianza o con fermentación en barrica
- Vinos rosados
- Vinos tintos jóvenes
- Vinos con crianza
- Vinos de postre

**IMPORTANTE**

Este tipo de agrupación es una de las más comunes, ya que establece su presentación según el tiempo de consumo.

## Establecer el orden en función de la denominación de calidad del vino

La oferta de vinos de un establecimiento también puede ser presentada por su **designación de calidad y procedencia.** Este orden suele ser utilizado en aquellos casos en los que la oferta de vinos es amplia.

Esta clasificación resalta la importancia de la procedencia del vino, principio muy valorado, y en ocasiones se emplea la designación popular utilizada para su adquisición; es común escuchar expresiones como "Le sirvo un ribera", "Ponme un rueda"...

## Otros criterios en la presentación de los vinos en la carta

Las **técnicas de venta** también pueden influir en la presentación de los vinos en la carta, pudiendo ser ordenados por rangos de precios, características de envejecimiento, procesos de elaboración, tipo de uva, etc. Al mismo tiempo, también son muy comunes los siguientes procedimientos:

**Vinos por premios**
- El orden se establecerá según calificaciones o premios obtenidos. Este tipo de presentación es compleja, ya que puede atender a muchas variantes.

**Vinos por unidad de venta**
- El vino puede ser ofrecido por botellas o por copas, pudiendo establecerse este criterio como eje de separación, complementándose en segundo lugar por otros.

**Vinos por países**
- Incluir vinos de otros países en la carta puede dar un valor añadido a la oferta y, por tanto, un posible orden que tener presente en la presentación de los vinos.

**Vinos por añadas**
- La edad del vino o añada puede ser un valor que tener presente y, por tanto, ser un criterio que debe resaltarse. No obstante, esta modalidad no suele tener mucho seguimiento debido a la complejidad que supone su aplicación.

*Continúa en página siguiente >>*

*<< Viene de página anterior*

**Vinos por bodegas**
- La bodega también puede ser un criterio que tener presente para la ordenación de los vinos. Sin embargo, no suele ser habitual, quedando reservada para aquellos establecimientos en los que la gama ofrecida es muy amplia. Además, de implantar esta clasificación, suele ser secundaria.

**Vinos por volumen especial**
- La carta puede presentar un apartado exclusivo en el que se presenten aquellos vinos con volúmenes específicos. Resalta el uso de formatos magnum y de media botella (375 ml) frente al común de 750 ml.

## NOTA

Para aportar un mayor dinamismo a la carta, es posible incluir un apartado de sugerencias o recomendaciones.

- - - - - - - - - - - - - - - - - - - - - - - - - - - - - - - - - - - - - - - -

## ACTIVIDAD COMPLEMENTARIA

4. Como has observado, el volumen presentado por las botellas de vino difiere entre varios tipos. Las más comunes son las de 375 ml, 750 ml o magnum, que se corresponde con un volumen de 1.500 ml. No obstante, no son los únicos formatos utilizados.
Realiza una búsqueda en la que recojas otros tipos de botella asociados a su volumen.

- - - - - - - - - - - - - - - - - - - - - - - - - - - - - - - - - - - - - - - -

## 3.2. Información de las referencias de vinos

La información que debe facilitarse al consumidor en la carta de vinos es otro valor que determinar, ya que, pese a que hay ciertas referencias que por su nombre suponen un alto grado de calidad, la amplitud de mercado difícilmente permite su conocimiento. Por ello, con el fin de facilitar la labor del sumiller, en ocasiones son muchos los establecimientos que incluyen en la carta una **breve descripción del vino,** permitiendo así facilitar el maridaje de cara a la posible petición. Esta opción no suele ser propia de establecimientos con servicios muy exclusivos, pues la figura del sumiller suple esta demanda de información. No obstante, se consideran los siguientes datos básicos que deben indicarse en la presentación de un vino en la carta:

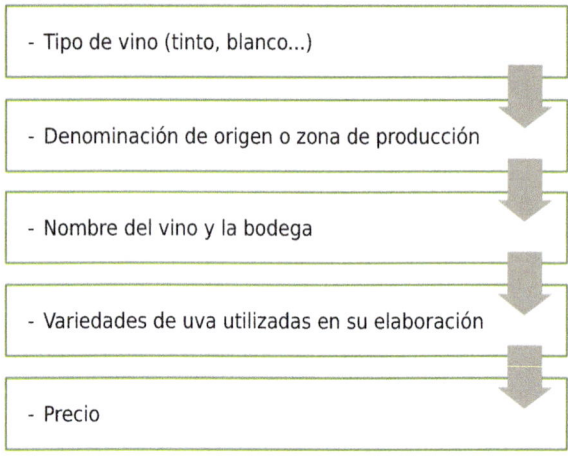

- Tipo de vino (tinto, blanco...)

- Denominación de origen o zona de producción

- Nombre del vino y la bodega

- Variedades de uva utilizadas en su elaboración

- Precio

## Otros datos de interés que incluir en la carta de vinos

En cuanto a la política y organización de la empresa, y teniendo en cuenta criterios de venta propuestos por el sumiller, es posible establecer una información más detallada, que se considera adicional y optativa. Algunos datos representativos son:

- ⮑ Fecha de degüelle en vinos espumosos
- ⮑ Fecha de la saca en vinos generosos
- ⮑ Notas de cata
- ⮑ Imágenes de las botellas
- ⮑ Logotipo de la denominación de origen
- ⮑ Código de referencia
- ⮑ Tamaño, formato o tipo de botella

 **IMPORTANTE**

Hay que considerar los datos que se aportarán en la carta. Una carta muy extensa retrasará su visualización; a su vez, incluir mucha información también podrá cansar al cliente, creando una sensación de aburrimiento.

 **ACTIVIDAD COMPLEMENTARIA**

5. Tras haber realizado la actividad complementaria 4, has podido ver que, atendiendo al volumen de la botella, se diferencian distintos nombres como magnum, jeroboam o baltasar, entre otros. En cuanto a su formato, también existen algunas botellas con nombre propio.
   Haciendo uso de fuentes de internet o publicaciones especializadas, lleva a cabo una búsqueda en la que averigües el nombre de otros formatos.

# 4. Adaptación de la carta de vinos al concepto del menú

 **HILO CONDUCTOR**

Incluir en la carta de vinos del restaurante AGAR el vino rosado Schatz Z de la D. O. Sierras de Málaga y perteneciente a la bodega Schatz ha sido todo un acierto, pues combina muy bien con muchos de los platos ofertados. Además, al estar catalogado como vino ecológico, biodinámico y natural, su demanda es aún mayor.

Una carta de vinos es un elemento vivo y en evolución continua, que no solo pretende obtener la máxima rentabilidad, sino que también deberá resaltar y complementar las características organolépticas de la oferta gastronómica.

La elaboración de la carta requiere de una **estrecha colaboración entre: el sumiller, el jefe de sala y los responsables del Departamento de Cocina,** siendo representativa la figura del **jefe de cocina.**

Será imprescindible optimizar la oferta de vinos en la oferta culinaria (menú). Se indican como referencias clásicas a un maridaje correcto las presentadas a continuación:

- **Vinos blancos secos y aromáticos:** combinan muy bien con pescados ahumados, jamón curado, pescados de roca, bullabesas, quesos y patés.
- **Vinos blancos ligeros:** combinan muy bien con pescado de agua dulce, moluscos y pastas con base de pescado.
- **Vinos blancos untuosos:** combinan con terrinas de pescado, ensaladas frías y templadas con base de pescado.
- **Vinos blancos secos:** combinan con el servicio de mariscos grandes, cangrejos o pescado como el rodaballo. También puede ser una buena opción para acompañar el servicio de pollo, siempre que la técnica de cocción o salsas de acompañamiento no sean suaves.
- **Vinos blancos semidulces:** combinan de forma especial con el servicio de postres con frutas.
- **Vinos blancos ácidos:** combinan y dan un toque de genialidad al servicio de patés.
- **Vinos blancos muy dulces:** combinan con el servicio de postres no dulces o poco dulces.
- **Vinos blancos dulces licorosos:** combinan con el servicio de quesos fuertes, como el cabrales o el roquefort.
- **Vinos rosados secos:** combinan con un gran número de platos, siempre que no presenten sabores muy fuertes o un exceso de elementos grasos.
- **Vinos tintos crianza, reservas y grandes reservas:** se trata de vinos que, en función de los años pasados en barrica y botella, serán más o menos robustos y poderosos, combinando muy bien con carnes duras (carne de caza, pato...) y quesos maduros.
- **Vinos tintos plenos y fuertes:** combinan perfectamente con guisos y asados tradicionales, con carácter, que incluyan elementos grasos, requieran largas cocciones...
- **Vinos tintos jóvenes:** combinan con carnes blancas y bajo la aplicación de técnicas como el asado o el estofado. También será apropiado para el servicio de pescados como el salmón o la trucha o los embutidos, incluyendo los quesos suaves.
- **Vinos finos amontillados y olorosos:** combinan con elaboraciones como el consomé de carne, quesos, postres y entremeses tales como mariscos, jamón, embutidos, quesos y aceitunas.

También es fundamental tener presentes aquellos productos considerados como "enemigos del maridaje", de los que son representativos los vinagres y vinagretas, las ensaladas, el chocolate y postres con chocolate, los helados, las alcachofas, los espárragos, las endivias, los hongos, los berros, el tomate y salsa de tomate, así como elaboraciones culinarias en las que se ha utilizado como base vinos o bebidas industriales. En estos casos sería conveniente el servicio de otros productos. No obstante, de no tener otra opción, a continuación se presentan algunas recomendaciones:

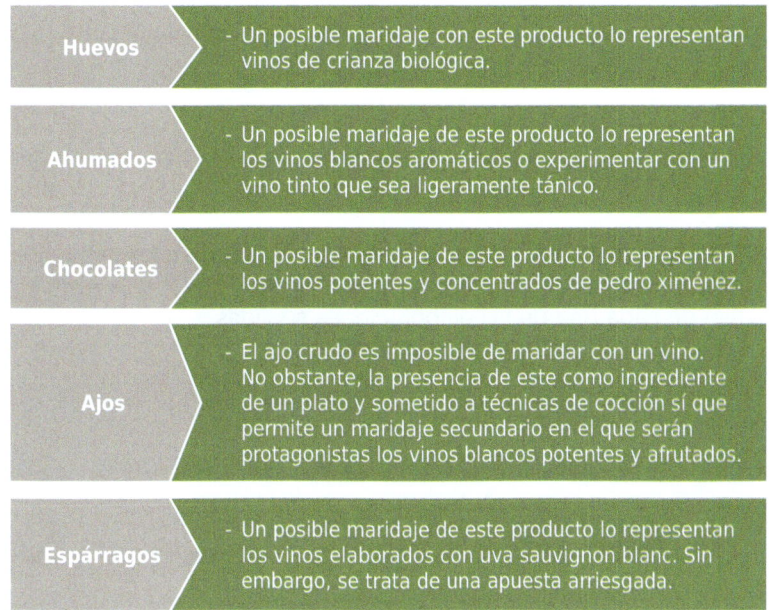

**Huevos**
- Un posible maridaje con este producto lo representan vinos de crianza biológica.

**Ahumados**
- Un posible maridaje de este producto lo representan los vinos blancos aromáticos o experimentar con un vino tinto que sea ligeramente tánico.

**Chocolates**
- Un posible maridaje de este producto lo representan los vinos potentes y concentrados de pedro ximénez.

**Ajos**
- El ajo crudo es imposible de maridar con un vino. No obstante, la presencia de este como ingrediente de un plato y sometido a técnicas de cocción sí que permite un maridaje secundario en el que serán protagonistas los vinos blancos potentes y afrutados.

**Espárragos**
- Un posible maridaje de este producto lo representan los vinos elaborados con uva sauvignon blanc. Sin embargo, se trata de una apuesta arriesgada.

 ## APLICACIÓN PRÁCTICA

**Para cubrir un ágape familiar, la persona encargada de contratar el servicio solicita las siguientes elaboraciones: jamón curado, pescado de roca, quesos y patés, así como algún postre de fruta.**

**De entre los siguientes vinos, ¿cuál de ellos no debería faltar?**

- **Vinos blancos secos y aromáticos.**
- **Vinos blancos semidulces.**
- **Vinos tintos plenos y fuertes.**
- **Vinos tintos crianza y reservas.**

*Continúa en página siguiente >>*

<< *Viene de página anterior*

**Solución**

De los vinos ofertados, el vino blanco seco y aromático será adecuado para maridar productos como los patés, los quesos, los pescados de roca y el jamón curado. Por su lado, los vinos blancos semidulces son ideales para el consumo de postres a base de frutas. Las demás referencias serían más apropiadas para el servicio de guisos y asados grasos, carnes de caza, quesos maduros, etc.

## 4.1. El vino en el menú degustación

La amplia gama de productos y técnicas asociadas a los denominados menús degustación hace necesario indicar que su maridaje será representativo de cada una de las elaboraciones servidas y, por tanto, el diseño del menú deberá propiciar un servicio adecuado.

*La degustación de distintos vinos durante un servicio deberá contemplar un orden correcto, comenzando con los vinos más ligeros y culminando con aquellos que presentan una mayor graduación alcohólica o crianza.*

El orden de servicio de los vinos para los menús no difiere del orden sugerido en el proceso de cata, estableciéndose:

> **Grado alcohólico**
> - El primero de los vinos para servir será el de menor graduación alcohólica, finalizando por el que mayor grado alcohólico presenta.

*Continúa en página siguiente >>*

*<< Viene de página anterior*

> **Grado de complejidad asociado a su crianza**
> - Los vinos ligeros deberán servirse antes de aquellos que presentan una mayor complejidad.

> **Grado de dulzor**
> - La presentación de los vinos deberá considerar el grado de dulzor del vino, estableciéndose en primer lugar el servicio de los más secos y finalizando por los que pueden incluir un nivel de azúcares alto y muy alto.

## 4.2. El vino en el menú del día

El menú del día es otra de las ofertas culinarias más interesantes en los servicios de restauración y hostelería, ya que supone **el ofrecimiento de un producto cambiante,** que genera un volumen alto de ventas. Por tanto, su confección puede utilizarse con el fin de dar cabida a aquellas referencias (vinos) que, almacenados o guardados en la bodega, requieren ser vendidos.

Es cierto que este proceso se relaciona con una menor rentabilidad. No obstante, son numerosas las técnicas que se pueden utilizar, siendo posible incluso la implantación de su venta por copas.

El volumen de ventas asociado a esta oferta hace posible la rotación de los vinos de la bodega, lo que facilita los procesos de renovación de la carta y la venta de aquellas unidades que tengan una difícil salida.

## NOTA

Otra de las opciones ideadas en pro del fomento de un vino o vinos concretos es la organización de jornadas gastronómicas, en las que se oferte un producto que necesariamente requiera del servicio del vino concreto del que nos queremos desprender. Ejemplo: unas jornadas gastronómicas de caza se asocian con el consumo de vinos reserva y grandes reserva.

## TAREA 6

En invierno, en el restaurante AGAR son protagonistas los asados, por lo que la venta de tintos de crianza, reserva y gran reserva tienen un interés especial. En época estival, en cambio, se prefiere degustar platos más ligeros, como las ensaladas y los pescados, así como postres a base de frutas.

En función de una posible oferta ideada para cubrir la época estival del restaurante AGAR (a tu elección), identifica qué referencias de vino no deberán faltar, y establece qué tipo de información debe constar y cómo se ha de presentar en la carta. Justifica tu respuesta.

----

# 5. Elaboración de menús especiales para eventos

## 👉 HILO CONDUCTOR

En el restaurante AGAR se llevó a cabo una ampliación de las instalaciones con el fin de poder afrontar la organización de todo tipo de eventos, como pueden ser los ágapes familiares, congresos, ponencias, celebraciones de aniversarios, etc.

El equipo del restaurante ahora plantea la organización de un evento coincidiendo con el Día de la Madre. Para ello, se ofrecerá un menú especial, inspirado en esta fecha tan significativa, y se amenizará con música en directo, sorteos, etc.

Se espera una gran afluencia después de las buenas críticas obtenidas con la celebración del Día del Padre.

----

Un **evento** es toda reunión en la que se agrupa un colectivo de personas específico, teniendo un propósito concreto. Se puede diferenciar entre **eventos profesionales, ágapes familiares** y **eventos lúdicos** (relacionados normalmente con el ocio; conciertos, festivales, mercados...).

Muchos de los eventos requieren para su organización la formulación de un menú, que se considerará singular, dada la especificidad del acto al que acompañe. Este menú podrá variar según la modalidad de presentación, tipo de servicio, composición... Sin embargo, será característico y representativo de dicho acto.

 **EJEMPLO**

Menú "La tierra se agota", ideado para servir en la cumbre del clima celebrada en Madrid.

https://redirectoronline.com/hotr025po0303

**TAREA 7**

En la oferta de menú de esta semana, se incluye como sugerencia un queso roquefort acompañado de un pan especiado, unos espárragos de temporada y un flan de chocolate negro como postre.

Sobre estas referencias, indica un posible vino para incluir en la oferta del establecimiento, con el fin de propiciar un correcto maridaje y aumentar el *ticket* medio de consumo, lo que propiciará una mayor rentabilidad final. Justifica tu respuesta.

## 5.1. Normas para la elaboración de un menú

Un menú, sea o no para cubrir un evento especial, estará compuesto por una selección de platos, ofertados a precio cerrado, que pueden incluir la bebida. No obstante, en este caso (menús especiales para eventos), las bebidas, así como otros complementos representativos (contratación de servicios auxiliares como corte de jamón, escanciador, espectáculos...), suelen incluirse en la oferta.

La elaboración de un menú también debe considerar el tipo de establecimiento, así como el público objetivo al que se orienta. De igual modo, la oferta del menú deberá ser representativa del establecimiento y puede integrar algunos de los platos ofertados en la carta, sugerencias...

Otro de los aspectos a destacar en la confección de un menú especial para eventos se relaciona con los siguientes principios:

**Número de invitados**
- El número de invitados que cubrir es fundamental, ya que no en todos los casos llevar a cabo un menú es posible, ya sea por su complejidad, medios disponibles, rentabilidad, etc.

**Tipo de evento**
- El tipo de evento que cubrir también condicionará la oferta del menú. Así, algunos ejemplos serían la celebración o banquete ofrecido por la apertura del año judicial o la celebración de una boda.

**Fecha y hora del evento**
- El menú debe considerar tanto la fecha de celebración como la hora. Incluso podría tenerse presente las posibles inclemencias meteorológicas previstas para el día de celebración.

El menú debe ser **atractivo y sugerente,** sin olvidar **requerimientos dietéticos y económicos.** Algunos principios que puede aplicar el establecimiento se describen a continuación:

- **Normas dietéticas:** la composición del menú deberá cumplir con unos mínimos requisitos saludables y dietéticos, además, considerará posibles patologías alimentarias, así como la edad a la que va dirigido.
- **Principios económicos:** la composición del menú debe asegurar una rentabilidad adecuada, siendo algunas medidas comunes que pueden adoptarse las siguientes:

  - Uso de materia prima de temporada.
  - Imposición de métodos de elaboración simples.
  - Reducción de la oferta incluida.
  - Etcétera.

- ⟳ **Organización:** es fundamental implantar una correcta organización en el proceso productivo, ya que el personal puede suponer hasta el 40 % del gasto total de los costes.
- ⟳ **Aspecto gastronómico:** el menú debe considerar en su diseño los siguientes principios:

  - ☺ Los primeros platos servidos deben ser más ligeros que los siguientes.
  - ☺ La guarnición de los platos ofrecidos deberá ser distinta en cada servicio.
  - ☺ Un mismo producto no puede estar presente en más de un plato de los ofertados en el menú, ni tampoco una misma salsa.
  - ☺ La decoración utilizada en los platos debe ser comestible.

- ⟳ **Aspecto estético:** ten presente que un evento especial cuida cualquier detalle, no solo de los alimentos servidos, sino también de la puesta en escena (montaje y distribución del salón, mesas...). Por tanto, piensa en incluir productos vistosos y de gran colorido.

Además de los aspectos descritos sobre la formulación de un menú especial para eventos, es muy importante considerar las exigencias de la persona o personas que contratan el evento. Como profesional, sabes que el cliente puede perseguir pretensiones erróneas frente a la composición del menú, por lo que la labor de los departamentos encargados de la configuración y contratación del menú pueden adelantar una configuración primaria del menú, contribuyendo a obtener una configuración final exitosa. Además, como principios podemos establecer:

Brindar tres opciones o más, con precio cerrado, en las que, además de la composición del menú, se incluya una posible bodega.

Ofrecer de cada gama de productos (primeros platos, segundos, postres) una posible combinación, posibilitando así una mayor oferta aunque guiada.

Dar a conocer una amplia gama de productos de los cuales el comensal podrá hacer una composición. Esta opción es la más arriesgada, y debe estar guiada en todo momento.

**NOTA**

Conocer el perfil del cliente (nivel económico, cultural...) también es fundamental, ya que permite guiarnos en el proceso de contratación. Ten presente que hay clientes que buscan la exclusividad, lo que requiere la imposición de técnicas de ventas específicas, en las que el valor psicológico también aporta.

---

**TAREA 8**

Al restaurante AGAR llega un cliente que solicita un menú especial con el fin de cubrir un ágape religioso (boda). Se trata de un banquete que se celebrará por la noche (cena) para unos 150 invitados en el mes de diciembre. El cliente indica que conoce nuestro establecimiento y que dos de los platos que le gustaría incluir son el arroz caldoso de calamar y el asado de cordero con arroz pilaf. Además, indica que sabe que uno de los postres emblemáticos del restaurante es la crema de arroz con vainilla, que puede presentarse como elemento acompañante de la tarta nupcial.

Como miembro del equipo del restaurante, ¿qué deberás indicar a este cliente con el fin de confeccionar un menú adecuado para dicho evento? Justifica tu respuesta.

---

# 6. Resumen

La oferta de vinos de un establecimiento debe relacionarse no solo con el tipo de establecimiento y su capacidad de almacenamiento, sino también con la oferta gastronómica y el perfil de su clientela, entre otras premisas.

Conocer la variedad de vinos que ofrece el mercado es labor fundamental para todo profesional de sala, siendo representativa la figura del sumiller. Así, es muy recomendable contar con conocimientos sobre las distintas denominaciones de origen españolas e internacionales.

En el caso de España, la normativa diferencia entre denominación de origen e indicación geográfica protegida, de las que podemos citar, de entre algunas comunidades autónomas, las siguientes:

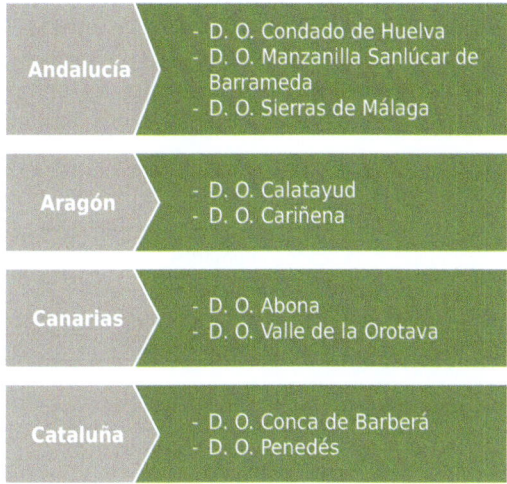

Internacionalmente, la clasificación de los vinos atiende a diversas normativas que pueden dar uno u otro nombre representativo. No obstante, su clasificación tiene en cuenta, en todo caso, criterios de calidad. Algunas denominaciones representativas son:

Exponer la oferta de vinos en la carta es fundamental, y pueden establecerse distintas fórmulas, como puede ser en función del tipo de vino, la denominación de calidad del vino, rangos de precios, características de envejecimiento, premios, volúmenes, etc.

También es prioritario pensar qué datos se van a ofrecer de cada vino, ya que una falta de información puede ser síntoma de dejadez o ausencia de profesionalidad, y una información excesiva puede retrasar la elección del cliente, así como crear una sensación de aburrimiento. Por tanto, de entre los datos imprescindibles, se considera importante indicar la denominación de origen o zona de producción, el nombre del vino y la bodega o el tipo de vino.

La oferta de vinos debe relacionarse con el tipo de oferta gastronómica del establecimiento, propiciando así un maridaje adecuado. Algunos ejemplos son:

**Vinos blancos secos y aromáticos**
- Pescados ahumados
- Jamón curado
- Quesos y patés

**Vinos tintos jóvenes**
- Carnes blancas estofadas o asadas
- Pescados como el salmón
- Embutidos
- Quesos suaves

**Vinos blancos semidulces**
- Postres de frutas

La formulación de un menú debe contemplar:

- ➲ Normas dietéticas
- ➲ Aspectos gastronómicos y estéticos
- ➲ Principios económicos
- ➲ Organización

A su vez, la imposición de un menú tiene que ser garantista en cuanto a su elaboración y servicio, siendo fundamental tener presente el número de invitados al que se dirige, el tipo de evento que se va a cubrir, así como la fecha y hora del evento.

# Ejercicios de autoevaluación
# Unidad de Aprendizaje 3

**1. Indica si las siguientes afirmaciones son verdaderas o falsas:**

a. La legislación española diferencia 137 denominaciones de calidad en el vino, siendo todas ellas denominación de origen.

- ■ Verdadero
- ■ Falso

b. Los consejos reguladores deberán velar por garantizar la mejor de las garantías durante el proceso de producción de los vinos.

- ■ Verdadero
- ■ Falso

c. Para que un vino obtenga una indicación geográfica, al menos el 50 % de la uva utilizada en su elaboración debe proceder de forma exclusiva de la zona geográfica indicada.

- ■ Verdadero
- ■ Falso

**2. Relaciona las siguientes denominaciones con su comunidad autónoma:**

|  | |
|---|---|
|  | D. O. Campo de Borja |
|  | D. O. Cariñena |
|  | V. C. Cangas |
|  | V. P. Dehesa del Carrizal |
|  | V. P. Dominio de Valdepusa |
|  | D. O. Mondéjar |
|  | D. O. Valdeorras |
|  | D. O. Monterrei |
|  | D. O. Ribeira Sacra |

**3. La D. O. Toro se localiza en:**

    a. Cataluña
    b. Andalucía
    c. Madrid
    d. Castilla y León

**4. Los vinos de pago, el terrazo y los balagueses pertenecen a:**

    a. El País Vasco
    b. La Comunidad Valenciana
    c. Murcia
    d. Navarra

**5. Indica cuáles de las siguientes denominaciones tienen denominación de origen de titularidad estatal:**

    a. D. O. Cava
    b. D. O. Ribera del Duero
    c. D. O. Jumilla
    d. D. O. Ca. Rioja

**6. ¿Cuál de las siguientes se reconoce como la mayor zona productora dedicada a la vid de Francia?**

    a. Languedoc-Rosellón
    b. Provenza
    c. Valle del Loira
    d. Valle del Ródano

**7. ¿Cuál es la principal D. O. C. G. de la Toscana?**

    a. Pomino
    b. Torgiano
    c. Orbieto
    d. Chianti

8. **El formato más común utilizado para las botellas de vino, tienen un volumen de:**

   a. 375 ml
   b. 750 ml
   c. 1.250 ml
   d. 1.500 ml

9. **Los vinos blancos untuosos combinan bien con...**

   a. ... patés de carne de caza.
   b. ... quesos fuertes como el cabrales.
   c. ... platos con alto contenido graso y guisos con largas cocciones.
   d. ... las terrinas de pescado, ensaladas frías y templadas con base de pescado.

10. **Indica si las siguientes afirmaciones son verdaderas o falsas:**

    a. El orden de servicio de los vinos para los menús degustación no difiere del orden sugerido en el proceso de cata.

       ■ Verdadero
       ■ Falso

    b. El número de invitados, tipo de evento e incluso la fecha y hora de un evento son premisas que considerar en la creación de un menú.

       ■ Verdadero
       ■ Falso

    c. En la composición de un menú, los platos más suculentos deben ser ofrecidos en primer lugar.

       ■ Verdadero
       ■ Falso

# Aplicación de una estrategia para la creación de una política de precios

# Contenido

# Objetivos

El objetivo general de esta Unidad de Aprendizaje es:

→ Conocer las distintas estrategias para la creación de una política de precios adecuada.

Los objetivos específicos de esta Unidad de Aprendizaje son:

→ Identificar la correcta fijación de precios de venta para las ofertas en restauración.

→ Conocer los distintos tipos de costes, así como llevar a cabo su cálculo.

# 1. Introducción

El término **restaurante** hace referencia al establecimiento público donde se sirven comidas y bebidas, mediante precio, lo que evidencia la importancia de una correcta implantación al respecto, ya que, tanto la calidad de la oferta gastronómica como el precio asignado, serán factores determinantes en la aceptación del comensal.

La oferta gastronómica de un establecimiento de restauración deberá guiarse en función del control de los costes (fijos y variables), permitiendo la fijación de los precios de venta. Para ello, es fundamental el estudio de los consumos y procedimientos de elaboración, siendo el escandallo uno de los documentos asociados a esta labor. Este se complementa a su vez con herramientas como los principios de Omnes, que ayudarán a implantar métodos de ventas más satisfactorios y, por ello, más competitivos.

El control de costes, así como el análisis de la situación financiera de la empresa, da a conocer la evaluación de la empresa (ingresos y gastos) y la rentabilidad de los capitales utilizados, denominándose cuentas de costes, cuentas de explotación o cuenta de pérdidas y ganancias.

Según estas premisas, y para ofrecer una mayor practicidad al estudio del control de ingresos y gastos de los servicios en restauración, continuaremos exponiendo algunos casos acontecidos en el restaurante AGAR.

# 2. Fijación del precio de venta

### ☞ HILO CONDUCTOR

El restaurante AGAR ha instaurado para la apertura de su nuevo restaurante unos precios muy competitivos, fijando un margen de beneficio del 55 % de los costes. Este margen es suficiente para cubrir los costes de personal y otros recursos, así como obtener un pequeño margen de beneficio. La competencia directa tiene márgenes mayores, por lo que, una vez que el establecimiento se dé a conocer, se podrá jugar con ello, llegando hasta beneficios del 60 y 70 %, que vienen a ser cifras más habituales en el sector.

El precio establecido para un producto influirá de forma directa sobre el beneficio que se quiere obtener y, por tanto, determinará la evolución del negocio.

La fijación del precio de venta se establece en función de tres valores: **coste, valor y competencia.**

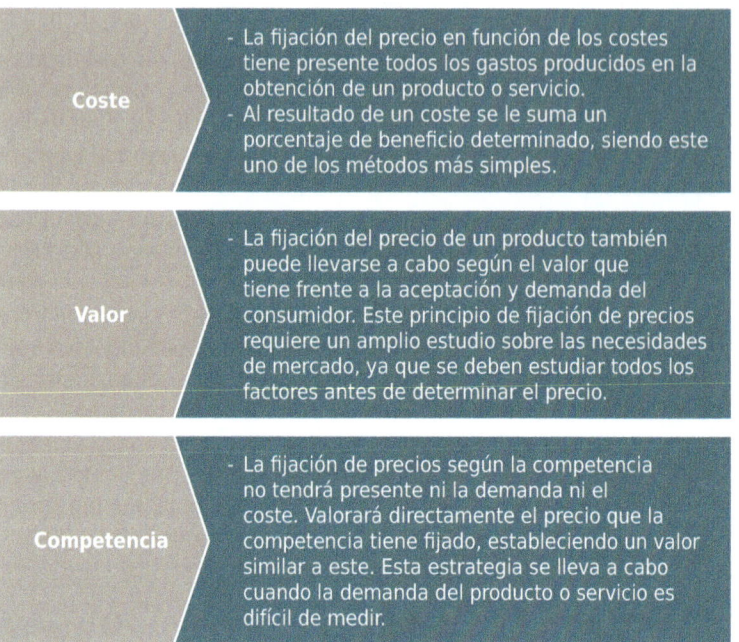

**Coste**
- La fijación del precio en función de los costes tiene presente todos los gastos producidos en la obtención de un producto o servicio.
- Al resultado de un coste se le suma un porcentaje de beneficio determinado, siendo este uno de los métodos más simples.

**Valor**
- La fijación del precio de un producto también puede llevarse a cabo según el valor que tiene frente a la aceptación y demanda del consumidor. Este principio de fijación de precios requiere un amplio estudio sobre las necesidades de mercado, ya que se deben estudiar todos los factores antes de determinar el precio.

**Competencia**
- La fijación de precios según la competencia no tendrá presente ni la demanda ni el coste. Valorará directamente el precio que la competencia tiene fijado, estableciendo un valor similar a este. Esta estrategia se lleva a cabo cuando la demanda del producto o servicio es difícil de medir.

De los tres métodos descritos, el más efectivo e indicado para los servicios y gestión de restauración es el basado en el cálculo previo del coste. Dicho método diferencia, a su vez, las siguientes metodologías de estudio:

- **Método subjetivo:** se trata de la aplicación de un precio de manera subjetiva, basada en datos de la competencia, número de ventas, etc. Hoy en día, este método no es muy utilizado, ya que el mercado es altamente competitivo y cambiante.
- **Método por sobreprecio:** se trata de aplicar un porcentaje estimado por gerencia sobre los costes calculados. Es uno de los métodos más empleados, aunque no se puede considerar que sea exacto, ya que no todos los productos tienden a ser demandados de la misma forma o tienen la misma influencia en la oferta general. Este método estima un porcentaje de beneficio que oscila entre el 50 y el 80 % dependiendo del coste del plato, siendo el coste promedio en los establecimientos de

restauración del 60 al 70 %. Este coste engloba los costes de personal y materia prima, y también tiene presente el margen de beneficios.

● **Método por contribución marginal:** este método se basa en "a mayor venta, mayor beneficio", y es muy recurrido en la actualidad. No obstante, este método no contempla que un aumento en el precio de coste de un producto se traducirá directamente en el aumento del precio de venta, no teniendo otros criterios de estudio.

● **Método de fijación de precios proporcional:** este método relaciona todos los costes de producción entre sí.

● **Método sencillo de costes primarios:** se trata de dar la misma importancia al coste de materias primas y al coste de mano de obra, obteniéndose una estimación global para el coste de todas las elaboraciones.

● **Método específico de costes primarios:** es el mismo método de cálculo que el ya citado método sencillo, diferenciando en este caso el tiempo y complejidad de cada plato dependiendo de su elaboración.

De los métodos de fijación del precio de venta, el de cálculo por sobreprecio es el más utilizado. A continuación exponemos un ejemplo:

 **EJEMPLO**

Una elaboración culinaria tiene un coste de materia prima de 3,75 €, y desde dirección indican un beneficio del 60 %, lo que implica los siguientes cálculos:

• PRECIO = coste / (1 - % beneficio)

Por tanto:

• PRECIO = 3,75 / (1 - 0,60)
• PRECIO = 3,75 / 0,40
• PRECIO = 9,37 €

El plato tendrá un precio final redondeado de 9,50 €.

Como se dijo, la estimación del coste mediante este método no tiene presente otros valores, por lo que normalmente a todos los platos del establecimiento se les impone el mismo porcentaje de beneficios. A modo de ejemplo:

*Continúa en página siguiente >>*

*<< Viene de página anterior*

| Plato | Coste materia prima | Porcentaje beneficios | Precio € | Precio estimado € |
|---|---|---|---|---|
| Arroz con sepia | 5,5 | 60 % | 13,75 | 14 |
| Ensalada César | 3,8 | 60 % | 9,5 | 10 |
| Atún en manteca | 7,2 | 60 % | 18 | 18 |
| Carrilleras de ternera estofadas | 6,2 | 60 % | 15,5 | 16 |

## 2.1. Margen bruto y beneficio

El precio de venta debe considerar un beneficio que garantice la viabilidad del negocio, siendo dependiente de los **costes.**

Así, diferenciamos entre **margen bruto y beneficio.**

**Margen bruto**
- Es el resultado de los ingresos totales menos los costes variables. El margen bruto no debe ser inferior al 65 % de los ingresos con el fin de garantizar un margen de beneficio adecuado.
- *Beneficio bruto = Ingresos - Costes variables*

**Beneficio**
- El beneficio se obtiene restando a los ingresos netos totales los costes totales.
- *Beneficio = Ingresos - Costes totales*

 **TAREA 9**

Dos de los productos más demandados en el restaurante AGAR es el tartar de vieira y el arroz negro de sepia. Ambos platos tienen un precio muy competitivo, y como su demanda es muy alta se ha pensado en subir su precio en un 20 %.

Hasta ahora su precio ha sido de 10,50 € para el arroz y 23,10 € el tartar, con un beneficio del 65 %.

¿Cuál será el nuevo precio? ¿Qué coste de materia prima hay?

¿Se actúa de forma correcta al tomar esta decisión? Justifica tu respuesta.

## 3. Costes

### 👉 HILO CONDUCTOR

Tras cinco meses de actividad, se ha llevado a cabo un análisis de la actividad económica del restaurante AGAR.

De los datos extraídos llama la atención cómo se han disparado los costes indirectos en los tres últimos meses, lo que ha supuesto una menor rentabilidad.

Este aumento de costes indirectos se relaciona con la contratación de personal extra, debido al pico de demanda.

Esta situación se atajará hoy mismo pasando a plantilla fija a dos de los contratados extra, lo que permitirá bonificaciones sociales, además de un precio más bajo al ahorrar los gastos de gestión de la empresa de trabajo temporal.

Los costes se definen como los elementos que contribuyen a la producción. Por tanto, son la expresión monetaria que indica los recursos que toda empresa utilizará para alcanzar un objetivo específico mediante la creación o producción de bienes o servicios.

*El coste se define como la cantidad de dinero, esfuerzo o sacrificio que cuesta obtener una determinada cosa.*

La definición de coste, como elemento contable, hace referencia al importe monetario de los gastos de una empresa en materias primas, equipos, mano de obra, servicios, productos, etc. Todos ellos, elementos empleados para la creación del producto o servicio.

## 3.1. Tipos de costes

Los tipos de costes podrán variar según la actividad de la empresa. En este sentido, podemos citar algunos criterios propios del ámbito de la restauración:

- Según naturaleza del gasto

- Según su asignación a un producto determinado

- Según el volumen de producción

- Según su temporalidad

En función de la **naturaleza del gasto** se diferencian los siguientes costes:

- **Costes de materias primas:** gasto producido al adquirir los productos necesarios para llevar a cabo las elaboraciones culinarias.
- **Costes de personal:** gasto en personal (cocineros, camareros, personal de mantenimiento...).
- **Costes futuros:** costes relacionados con futuras ampliaciones, futuros servicios publicitarios...
- **Costes de amortización:** posibles gastos presentados por el activo fijo, consecuencia de su uso.
- **Costes de provisión:** coste asociado al almacenamiento de los productos.
- **Costes de financiación:** costes relacionados con el pago de intereses, comisiones derivados de préstamos, créditos, etc.

Cuando los costes pueden ser asignados a un producto determinado se dividen en:

| Costes directos | Costes indirectos |
|---|---|
| - Son los gastos asociados al proceso de producción del modelo de negocio, como por ejemplo las materias primas, la mano de obra de cocineros y camareros... | - Se relaciona con gastos generales, siendo representativos en las empresas de restauración el consumo eléctrico, gas, agua, internet... |

## NOTA

Los costes directos se relacionan con la actividad. Así, a mayor actividad, mayores costes. En cambio los gastos indirectos no son proporcionales a la actividad.

En cuanto al **volumen de producción,** se diferencia entre:

- **Costes variables:** costes que varían en función de las unidades producidas en cocina o consumiciones servidas en el establecimiento. A su vez, los costes variables, diferencian entre:

  - **Costes proporcionales:** variarán según el nivel de producción. Ejemplo: materias primas.

○ **Costes progresivos:** variarán en una mayor proporción si existen variaciones en el volumen de producción. Ejemplo: horas extras del personal.

○ **Costes degresivos:** variarán en una proporción menor si existen variaciones en el volumen de producción. Ejemplo: coste de energía.

⊃ **Costes fijos:** aquellos costes que no varían ante la producción, permaneciendo constantes suba o baje el nivel de producción en la empresa. Algunos ejemplos de estos costes son el alquiler o el salario de personal fijo.

⊃ **Costes mixtos:** costes que tienen un coste fijo y otro variable.

En cuanto al momento en el que se calculen los costes, se diferencia entre:

⊃ **Costes históricos o reales:** se trata del cálculo de costos una vez finalizado el periodo contable, obteniéndose datos reales.

⊃ **Costes estándares o provisionales:** se trata del cálculo de costos al inicio de periodo contable, basándose en la información histórica y en previsiones.

## 3.2. Control de costes

La **gestión de los costes** toma un especial interés en función de los objetivos administrativos de toda empresa. Sin embargo, se considera una ciencia inexacta, ya que su control no es homogéneo en todas las empresas, y no existe una fórmula preestablecida; no obstante, su control se considera fundamental en cualquier empresa con el fin de conseguir el máximo rendimiento de todos los procesos.

Por tanto, el control de los costes se relaciona por su identificación y tipificación (costes fijos, variables...), ya descrito en el epígrafe anterior, y por su **cálculo,** un término este en el que vamos a profundizar a continuación.

*Un correcto control de costes requiere de su identificación y cálculo.*

Un error muy habitual en las empresas de restauración es basar el cálculo del coste en función del precio final del producto o servicio, lo que puede suponer un gran error, ya que si no se fijan correctamente los precios, puede ocurrir que incluso con los mejores controles sobre los gastos y costes no se produzca ningún beneficio.

Para evitar este error, en toda empresa de restauración hay que tener en cuenta las siguientes **premisas y recomendaciones.**

Las condiciones que debemos tener presentes para el cálculo de los costes en empresas de servicio de restauración son:

- Los precios deben ser concordantes con los objetivos de la empresa.
- Se deberá fijar el coste unitario de cada producto.
- Se habrá de evaluar el impacto que tendrían los cambios de precio de un producto en relación a su beneficio.
- Identificar las tendencias que puedan afectar a los precios del producto analizando datos históricos.
- Realizar una comparativa de precios de los competidores.

Por otro lado, las recomendaciones que debemos tener presentes en el cálculo de los costes en empresas de servicio de restauración son:

- El cálculo de los costes deberá estar enfocado hacia una perspectiva de futuro.
- Centrar el estudio en los costes más importantes.
- Tener presentes cambios entre la producción y la demanda.
- Garantizar unos precios estables y prefijados en la reposición de los activos de la empresa.
- Determinar un beneficio mayor a largo plazo, pues de lo contrario puede suponer un beneficio para los competidores debido a posibles precios de venta altos.
- Considerar tanto costes directos como indirectos en toda preparación.

 **IMPORTANTE**

En muchas empresas el control y cálculo de los costes se lleva a cabo una vez fijado el precio del producto, lo que se asocia a beneficios inadecuados que, aun siendo altos, no permitan ser competitivos, por lo que se produce una acción desfavorable al respecto.

Dependiendo de la **metodología** empleada para llevar a cabo la fijación de precios según los costes, se diferencia entre: método del coste total, método del coste directo, método del rendimiento del activo y método del coste de referencia.

## Método del coste total

El cálculo basado en el método de coste total parte del coste total de elaboración, añadiendo a continuación el margen de beneficio deseado, quedando:

> Coste total de elaboración = Materias primas + Mano de obra + Gastos generales de elaboración
>
> Coste total = Coste total de elaboración + Gastos comerciales y publicidad + Gastos generales y administrativos
>
> Margen de beneficio = X % del coste total, siendo normalmente estimado en el 25 %
>
> **Precio de venta del producto = coste total + margen de beneficio indicado**

## IMPORTANTE

Este método no diferencia entre costes directos y costes totales, impidiendo instaurar precios mayores para conseguir un incremento en el rendimiento.

## Método del coste directo

El cálculo basado en el método de coste directo tiene en cuenta, de forma exclusiva, los costes relacionados con la realización de la elaboración o plato. Por tanto, la determinación de este precio cubre únicamente los costes del plato a elaborar. Su cálculo atiende a la siguiente formulación:

> Total coste variable o incremental = Materias primas + Mano de obra directa + Gastos variables de elaboración + Gastos variables comerciales + Gastos variables administrativos
>
> Precio de venta producto o total de costes directos = Total coste variable o incremental + Gastos fijos imputables al plato

## NOTA

Este método se utilizará cuando hay un exceso de capacidad de elaboración o preparación y las ventas adicionales que pueden realizarse a precio reducido no perjudican el mercado habitual del establecimiento de restauración.

- - - - - - - - - - - - - - - - - - - - - - - - - - - - - - - - - - - - - - - - -

## Método de rendimiento del activo

El cálculo del precio final según el método de rendimiento del activo persigue obtener el máximo nivel de rendimiento del activo utilizado en la elaboración y preparación de los alimentos. La fórmula establecida para el desarrollo de este método es la siguiente:

> Coste = Coste total de elaboración + Coste de ventas + Gastos administrativos
>
> Rendimiento deseado = Tasa de rendimiento, en tanto por uno, que se desea obtener sobre el activo empleado
>
> Activo fijo = Instalaciones y equipo
>
> Activo variable = es el activo circulante en función del volumen de ventas anual

## NOTA

Este método no identifica la proporción de activo fijo y variable asignado a cada plato o elaboración cuando se trata de un establecimiento de restauración que elabora varios platos de una misma categoría.

---

### Método del coste de referencia

El desarrollo de este método consiste en posicionar, a partir de un precio, el diseño de un plato a un coste que se adecue al nivel de precio indicado.

Para ello, se deberá contar con la evaluación de todas y cada una de las variables que participan en la composición del plato, incluyendo la mano de obra.

## IMPORTANTE

Este método se relaciona con la búsqueda de competitividad entre establecimientos, buscando:

- Ofrecer un producto a un mismo precio, con una mayor calidad.
- Ofrecer un producto a un mismo precio, pero con una mayor rentabilidad.

---

## APLICACIÓN PRÁCTICA

**Como integrante de la promotora de ocio, hospedaje y restauración AGAR, hoy has visitado uno de los nuevos establecimientos adquiridos, pues las ventas no son las esperadas. Tras realizar un estudio pertinente de la oferta, se observa que los precios de la competencia son un poco más bajos, por lo que se cree que es uno de los principales problemas.**

*Continúa en página siguiente >>*

<< *Viene de página anterior*

**Al preguntar al gerente del establecimiento, este te indica que los costes están muy ajustados, aunque no sabe qué método se ha utilizado para su cálculo.**

**Para dar una solución al problema, ¿sabrías indicar qué métodos de cálculo de coste emplearías en este caso?**

**Solución**

Con el fin de desarrollar una oferta competitiva en función del precio que ofrece la competencia, se podrá utilizar el método de coste de referencia, por el que te posicionarás a partir de un precio, en base al diseño de un plato. Este método busca la competitividad entre establecimientos, pudiendo ofrecer a un mismo coste un producto de mayor calidad o bien con una mayor rentabilidad.

---

# 4. Determinación de los costes

## ☞ HILO CONDUCTOR

Dos de las nuevas propuestas incluidas en la carta del restaurante AGAR presentan un precio muy competitivo pese a que la materia prima utilizada en su elaboración tiene un alto precio. Como responsable del establecimiento, llevas a cabo un estudio del coste de producción y observas que se han incluido todos los gastos.

Llevando a cabo una comparativa con otros de los productos ofertados, se observa que el gasto de personal es muy bajo, relacionándose con la técnica utilizada en la ejecución, por lo que se espera que sea uno de los productos estrella de nuestra oferta.

---

Según el Plan General de Contabilidad, la determinación de los costes de un producto incluye la descripción de todos los gastos relacionados con su producción u obtención, estableciéndose como fórmula general la siguiente:

$$Cp = PaMP + PMoD + PaCs + CD + CI + Cd + Crs + mr + GAdmon + GFcieros + Cvt + I$$

El desarrollo de la fórmula obedece en su terminología a la siguiente identificación:

- Cp: coste de producción.
- PaMP: precio de adquisición de materias primas.
- PMoD: precio de mano de obra.
- PaCs: precio de adquisición de los materiales consumibles.
- CD: costes de producción directos.
- CI: costes de producción indirectos.
- Cd: coste de desmantelamiento o adecuación.
- Crs: coste de residuos en producción conjunta.
- Mr: coste de mermas.
- GAdmon: gastos administrativos.
- GFcieros: gastos financieros.
- Cvt: gastos diferencias de cambio.
- I: costes investigación.

 **PARA SABER MÁS**

Accede a los siguientes enlaces en los que se expone la normativa vigente en torno a la aprobación de los Planes Generales de Contabilidad facilitados por el ministerio con competencias en economía, donde podrás obtener una información más detallada al respecto.

| **Plan General de Contabilidad de Pequeñas y Medianas Empresas** | **Plan General de Contabilidad** |
|---|---|
|  |  |
| *https://redirectoronline.com/hotr025po0401* | *https://redirectoronline.com/hotr025po0402* |

Esta fórmula evidencia la necesidad de incluir cualquier tipo de gasto en la determinación de un coste, siendo representativo en el **valor final del producto.** Además, puede verse modificado en función de factores de productividad, así como rentabilidad perseguida, premisas que también deberán verse sometidas a estudio con el fin de conseguir un producto competitivo, que en el ámbito de los servicios de restauración toma especial relevancia en la elaboración de los platos y en la gestión de los servicios de banquete.

*El coste de un plato o la organización y servicio de un evento se relacionan tanto con el precio de la materia prima como por la gestión en su desarrollo.*

 **TAREA 10**

En la apertura del nuevo establecimiento de restauración AGAR, perteneciente a la promotora de ocio, hospedaje y restauración AGAR, se plantea el estudio concienzudo de cada uno de los tipos de coste relacionados con su oferta, con el fin de valorar si el establecimiento va a ser o no competitivo según el resto de establecimientos de la zona.

Por tanto, en primer lugar, identifica los distintos tipos de costes en los que debes basar tu estudio para, a continuación, valorar alguno de ellos de manera ejemplarizante. Cuentas con los siguientes datos correspondientes a la competencia directa.

- Coste mensual de personal: 7.470 €.
- Coste mensual de materia prima: 6.210 €.
- Ventas totales en el mes: 19.800 €.

## 4.1. Determinación del coste de un plato

Para determinar el **precio de venta al público** de los productos se deberán conocer los costes de la actividad productiva y, en especial, el coste de los platos que componen la oferta gastronómica. Esto está relacionado con el coste de las materias primas y el coste de personal, principalmente, aunque no hay que olvidar el coste de otros recursos implicados en la elaboración de la oferta gastronómica (agua, electricidad, amortización de maquinaria y material, alquiler o hipoteca, etc.).

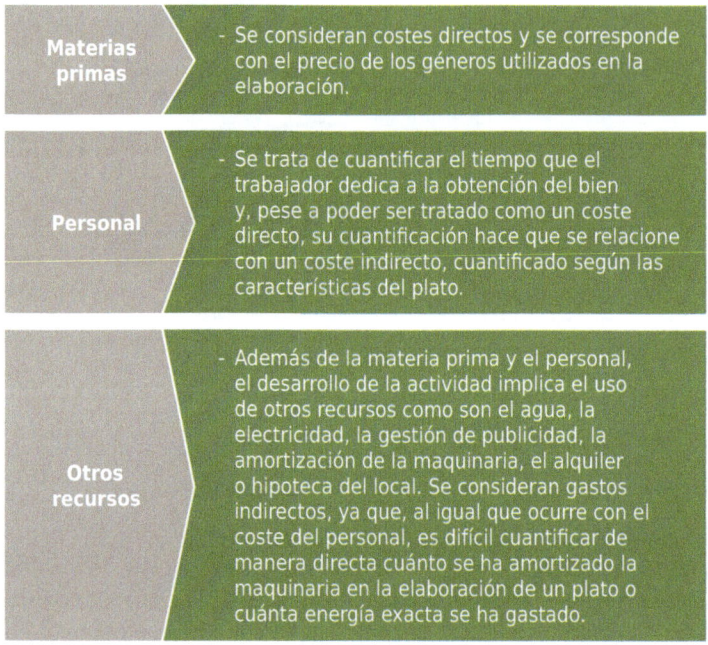

La determinación del coste de un plato representa la sumatoria de los costes de materias primas, personal y otros recursos implicados, suponiendo la base sobre la que se calculará el precio final del producto. Dicho cálculo diferencia, por tanto, entre los **costes de materia prima** y los **costes de fabricación.**

El **coste de materia prima** sirve de base para determinar el precio de venta al público, atendiendo a la siguiente fórmula:

> Coste materia prima = (Coste inventario inicial + Compras) – Inventario final

El coste de materias primas no debe suponer más de un 30-35 % del coste total del plato y es el resultado del siguiente cálculo:

> % coste materia prima = Coste total × 100 / Total de ventas

 **EJEMPLO**

| Raciones | Coste de la materia prima | Coste total | Precio por ración | Total ventas |
|---|---|---|---|---|
| 480 gazpacho | 0,80 € | 384 € | 2,60 € | 1.248 € |

% coste materia prima = 384 × 100 / 1.248
% coste materia prima = 30,76 %

El **coste de fabricación** engloba tanto el coste de materia prima como el coste de personal, siendo los costes de mayor impacto sobre el precio. La fórmula utilizada para su cálculo responde a:

> Coste de fabricación = Coste de materia prima + Coste de personal

El coste de fabricación no podrá suponer más de un 75 % del coste total y es el resultado del siguiente cálculo:

> % coste de fabricación = (Coste de materia prima + Coste de personal) × 100 / Total de ventas

 **EJEMPLO**

| Coste mensual del personal | Coste mensual de la materia prima | Total ventas |
|:---:|:---:|:---:|
| 8.300 € | 6.900 € | 22.000 € |
| % coste de fabricación = (8.300 + 6.900) × 100 / 22.000<br>% coste de fabricación = 69,09 % | | |

Además de los costes de personal y materia prima, la elaboración de un plato puede llevar asociados otros gastos adicionales, como puede ser un desplazamiento especial, debido a la exclusividad de un producto, o un mayor porcentaje de merma, bien por necesidad o por exclusividad en la manipulación.

*Una elaboración especial presentará un mayor gasto, tanto por el aprovechamiento de la materia prima como por el mayor costo de personal.*

Conocidos los costes relacionados con la elaboración de un plato, es importante determinar el coste total de un plato, correspondiéndose con la suma de los distintos costes y dividiendo por el número de raciones servidas.

> Costes totales = Costes de fabricación + Costes de materia prima / Raciones servidas

*El coste total de un plato dependerá del personal y la materia prima.*

## APLICACIÓN PRÁCTICA

**Pese a las ventas observadas en el primer semestre del año, los beneficios obtenidos no son los esperados, por lo que en el restaurante AGAR se piensa en valorar los distintos costes de materia prima, de fabricación, etc., para evaluar posibles incidencias.**

**En función de los datos mensuales referentes a los costes de materia prima y personal, se tiene que:**

- **Coste mensual de personal: 12.450 €.**
- **Coste mensual de materia prima: 10.350 €.**

**Según estos costes, en el mismo mes se ha tenido un beneficio por ventas de 33.000 €. ¿Sabrías identificar qué porcentaje de coste de fabricación hay?**

### Solución

El porcentaje de coste de fabricación es 69,09 %. Este coste incluye el coste de personal y el coste de materia prima, por lo que debe obtenerse un porcentaje menor al 75 %, así que, en este caso, los costes son correctos, aunque hay que tener en cuenta que otros tipos de costes pueden influir en el bajo rendimiento del establecimiento.

------------------------------------------------

## 4.2. Determinación del coste de un banquete

La organización de un banquete implica la **participación y coordinación de los departamentos** de cocina, de sala, de mantenimiento, de logística, comercial o ventas, de dirección..., lo que supone un importante coste general.

Los cálculos del coste no difieren del procedimiento expuesto en el cálculo del coste de un plato, aunque sí los conceptos, siendo propios de cada banquete. Así, dicho coste dependerá tanto de la opción elegida en cuanto a las características de montaje y menú como de los elementos complementarios en las exigencias y tipo de celebración.

La estructuración de los costes en los establecimientos de restauración debe asemejarse a la expuesta en el siguiente diagrama:

**Gráfico de estructura de costes**

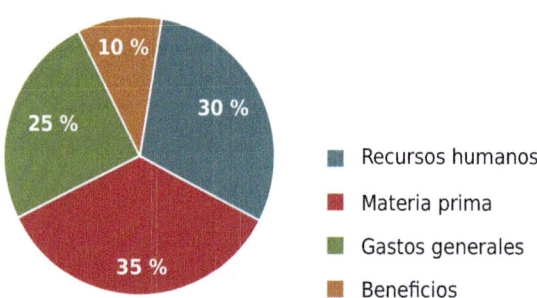

*Ejemplo de porcentajes máximos recomendados para cada tipo de coste, así como el beneficio neto que se obtendría del producto.*

Los márgenes establecidos pueden ser modificados, siempre dependiendo de las exigencias de la gerencia, el cumplimiento de estrategias comerciales o incluso las características de formulación específicas.

Por su lado, los beneficios también podrán ser mayores, lo que supondrá un menor gasto en las demás partidas.

## RECUERDA

- Beneficio bruto = Ventas o ingresos – Costes de materia prima
- Beneficio neto = Beneficio bruto – Costes de personal – Gastos generales

## 4.3. Determinación del precio de un vino

Una gestión adecuada de la bodega de un restaurante repercutirá muy positivamente en el balance económico final del establecimiento. Ten presente que la compra acertada de vinos y su correcta conservación en bodega hasta el momento óptimo de consumo supone por sí solo el incremento de su precio, pudiendo llegar a ser exponencial en algunos casos.

De forma generalizada, el precio de los vinos con costes bajos permite un mayor beneficio, siendo menor en vinos con un coste alto. No obstante, no solo el precio de coste del vino es un valor que determinar para fijar el precio final, sino que también es importante considerar **el coste que rodea el servicio del vino** y que se relacionará con elementos como el tipo de copa utilizada, la mantelería, el personal, etc., incluso será determinante el prestigio del establecimiento o su situación geográfica.

A rasgos generales, se puede establecer un marcaje de precio estándar en torno al valor del producto, considerándose varios niveles:

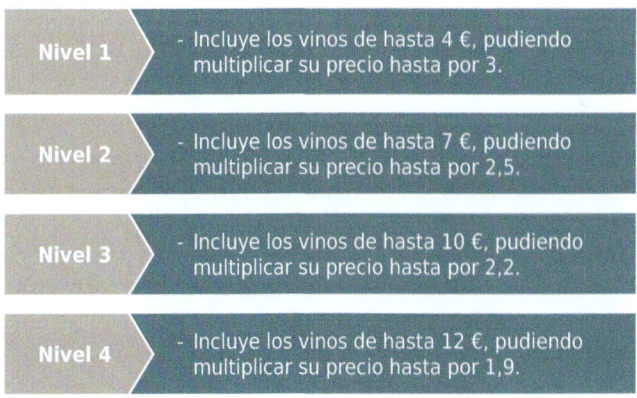

**Nivel 1** - Incluye los vinos de hasta 4 €, pudiendo multiplicar su precio hasta por 3.

**Nivel 2** - Incluye los vinos de hasta 7 €, pudiendo multiplicar su precio hasta por 2,5.

**Nivel 3** - Incluye los vinos de hasta 10 €, pudiendo multiplicar su precio hasta por 2,2.

**Nivel 4** - Incluye los vinos de hasta 12 €, pudiendo multiplicar su precio hasta por 1,9.

*Continúa en página siguiente >>*

<< *Viene de página anterior*

| Nivel 5 | - Incluye los vinos de hasta 20 €, pudiendo multiplicar su precio hasta por 1,5-1,7. |
| Nivel especial | - Incluye los vinos de más de 20 €, no estipulándose un margen, sino que su precio estará relacionado con factores como la dificultad de su adquisición, exclusividad... |

## ACTIVIDAD COMPLEMENTARIA

6. La gestión de compras es un factor determinante en la determinación final del precio de venta, por lo que es importante valorar posibles estrategias que persigan una mayor rentabilidad.

Una de las estrategias se relaciona con el *rappel* por compras, obteniendo descuentos en función del volumen de compras. Otro de los métodos es el denominado "descuento por pronto pago".

Busca información sobre este sistema o metodología, e incluye además información sobre alguna otra estrategia. Para ello podrás hacer uso de fuentes de internet o publicaciones especializadas.

---

# 5. Valor del producto en los clientes

## HILO CONDUCTOR

En la carta de vinos del restaurante AGAR, los vinos más demandados son los que tradicionalmente han sido más populares. Este principio es aprovechado como técnica de venta, permitiéndonos un mayor margen de beneficio.

Sin embargo, el sumiller del establecimiento lucha a diario por dar valor a vinos con denominaciones de origen que, aunque son menos conocidas, ofrecen caldos de muy buena calidad a precios muy competitivos.

---

El valor de un producto según la percepción por parte del cliente está influenciado por tres conceptos:

El valor dado por el cliente a un producto o servicio se relaciona de forma directa con sus **necesidades,** por tanto, conocer el *target* al que nos dirigimos es fundamental, ya que no todos los productos tienen el mismo valor en el consumidor. Otro aspecto fundamental es la **diferenciación;** es decir, es importante valorar nuestro producto frente al de la competencia y resaltar aquellos atributos que lo hacen único o especial.

 **SABÍAS QUE...**

Con el fin de cubrir las nuevas necesidades de la clientela, se ha propiciado la creación de nuevos modelos de restauración y hostelería como pueden ser los *afterwork*.

La **confianza** que transmite nuestro producto o servicio también supone un valor. Este principio puede verse influenciado de forma directa por los vínculos que se tengan con el cliente. Así, mientras que hay clientes que consideran un valor añadido el hecho de que un producto o servicio se relacione con una gran cadena alimentaria, otros prefieren la cercanía de una empresa pequeña, pues les supone un trato más cercano o familiar.

El **precio** también es un elemento fundamental en el posicionamiento de un producto. No obstante, no siempre lo más barato tiene una mejor venta, ya que, frente a este principio, hay que considerar la idea de calidad percibida. Una opción para abarcar el problema del precio es el uso de técnicas de venta adaptadas al consumidor. Así, en un restaurante, aun ofreciendo la misma calidad en el producto o servicio, se puede optar por dar una mayor **funcionalidad** a la oferta, incluyendo la posibilidad de que el cliente pueda ser el responsable de la calidad del producto servido, cantidad, etc.

👁 **EJEMPLO**

En la actualidad, algunos establecimientos permiten la selección de ingredientes para la ensalada o la proporción que será servida. Esto presupone que el cliente será responsable tanto de la cantidad como de la composición final del producto a degustar.

Finalmente, la **relación con el cliente** es otro de los factores más influyentes en la valorización de nuestro producto o servicio. Ten presente que no todos los clientes requieren el mismo trato, por lo que será fundamental conocer el perfil del cliente y actuar consecuentemente.

*Recuerda que no todos los clientes requieren el mismo trato.*

 **NOTA**

Por parte del establecimiento, el valor de un producto se fundamenta en el hecho de satisfacer al cliente, intentando aumentar su tasa de repetición y convertirlo en cliente habitual o bien procurar la captación de otros nuevos. Ten presente que un cliente fiel propicia el aumento de las ventas, reduce costes y además potencia el reconocimiento general frente al competidor.

# 6. Competencia

## ☞ HILO CONDUCTOR

En las inmediaciones del restaurante AGAR se va a llevar a cabo la apertura de un nuevo establecimiento de restauración. En concreto, se trata de un negocio de comida rápida, por lo que se espera que la influencia en nuestra clientela sea mínima y, por tanto, no afecte en el volumen de ventas.

No obstante, se llevará a cabo un análisis previo, pudiendo tomar algunas decisiones sobre posibles cambios relacionados con la evolución del cliente o la influencia de las nuevas tecnologías, persiguiendo así afrontar con seguridad los nuevos retos que se plantean en el ámbito de la restauración.

---

Afrontar la apertura de un negocio de restauración requiere necesariamente de un análisis general previo, en el que se incluye de forma prioritaria el análisis del entorno, pudiendo así poder hacer frente a posibles amenazas y prever cuáles pueden ser las oportunidades que dicho entorno ofrece y desarrollar nuevas ofertas.

## 6.1. Análisis de la competencia

Ya sea para abrir un nuevo establecimiento o para acometer un cambio en la estrategia de un establecimiento en funcionamiento, es prioritario analizar de forma exhaustiva la posible competencia existente en el entorno.

Para llevar a cabo ese análisis es necesario dar respuesta a las siguientes cuestiones:

**¿Quién es la competencia?**
- Debes identificar a cada uno de los negocios que tienes en tu entorno y analizar su oferta gastronómica, el desarrollo de su trabajo, cuáles son sus puntos fuertes y débiles, qué es lo que no ofertan y, de lo que ofertan, en qué puedes mejorar.

*Continúa en página siguiente >>*

*<< Viene de página anterior*

**¿Dónde se encuentra?**
- Debes identificar dónde se encuentra la competencia, ya que incluso puede llegar a ser beneficiosa. Sea un ejemplo la competencia existente entre los distintos establecimientos enclavados en un mismo centro comercial, ya que la afluencia de cliente será mayor.

**¿Está todo inventado?**
- Sabiendo quién es la competencia, cuál es su oferta y cómo ofrece dicha oferta, se puede pensar en explotar nuevos nichos de mercado.

**¿En qué puedo destacar?**
- Hay que intentar destacar con respecto a la competencia con el fin de poder captar clientes. Piensa en un producto u oferta innovadora, la elección de un nuevo estilo de servicio...

**¿Qué harías si te ves amenazado por una nueva competencia?**
- Ante la posible apertura de un nuevo establecimiento en la zona deberás afianzar a tus clientes e imponer posibles ofertas u otras técnicas de *marketing*. Es muy importante anticiparte a las posibles reacciones.

## Tipos de competencia

De forma principal podemos diferenciar entre dos tipos de competencia: **competencia directa** y **competencia indirecta.**

- **Competencia directa:** se trata de negocios que ofrecen un producto muy similar al nuestro. Es muy difícil competir en estas circunstancias, y una de las formas de hacerlo es mediante la imposición de precios bajos. Ante esta situación, una opción recomendada consiste en ofrecer otro tipo de producto o mejorar el producto que ya se ofrece, dejando de ser así competencia directa.
- **Competencia indirecta:** se trata de negocios que, aunque también ofertan comidas y bebidas, lo hacen de manera totalmente distinta.

**NOTA**

Para llevar a cabo un estudio de la competencia se pueden establecer distintas técnicas:

- Conviértete en cliente de la competencia.
- Estudia cuáles son los métodos de *marketing* que utiliza.
- Busca fuentes de información directa como pueden ser los clientes de la competencia, el entorno socioeconómico o incluso el entorno de proveedores.
- Busca información indirecta a través de fuentes como las relacionadas con los datos económicos de la zona, páginas de estadística, federaciones de hostelería, etc.

---

# 7. Resumen

Un factor esencial sobre la competitividad en la oferta de un establecimiento de restauración y hostelería es el precio de venta, por lo que su determinación es un factor clave que dependerá de forma principal de tres valores:

En cuanto al precio de venta, hay que indicar que puede ser determinado en función de distintos métodos; no obstante, el más recurrente es el método de cálculo por sobreprecio.

El coste se define como el activo de una empresa y podrá variar según la actividad de dicha empresa. En el sector restauración, estos activos diferencian entre la naturaleza del gasto, el volumen de producción o la temporalidad, entre otros aspectos.

Para definir el coste de un producto existen distintos métodos, entre los que destacan:

- ➲ Método del coste total
- ➲ Método del coste directo

⮕ Método de rendimiento del activo
⮕ Método del coste de referencia

La percepción que un cliente tenga sobre nuestra oferta también será determinante en el valor que se le pueda asociar. Dicha percepción se ve influenciada por tres premisas:

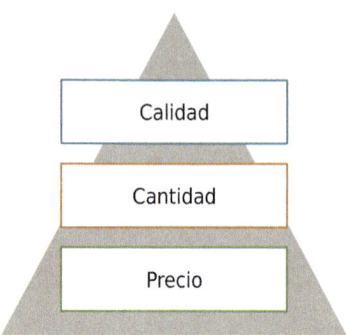

Finalmente, otro factor clave a estudiar en la viabilidad de un establecimiento de restauración u hostelería es la competencia, ámbito en el que distinguimos conceptos como competencia directa e indirecta. Para ello, es necesario llevar a cabo un análisis exhaustivo que dé respuestas a preguntas como:

⮕ ¿Quién es la competencia?
⮕ ¿Dónde se encuentra?
⮕ ¿Está todo inventado?
⮕ ¿En qué puedo destacar?
⮕ ¿Qué harías si te ves amenazado por una nueva competencia?

# Ejercicios de autoevaluación
# Unidad de Aprendizaje 4

**1. Indica si las siguientes afirmaciones son verdaderas o falsas:**

    a. La fijación del precio de venta se establece en función de tres valores: coste, valor y competencia.

- Verdadero
- Falso

    b. La fijación del precio según los costes tiene presente todos los gastos asumidos en la obtención de un producto o servicio.

- Verdadero
- Falso

    c. La fijación del precio de un producto puede llevarse a cabo dependiendo del valor que tiene frente a la aceptación y demanda del consumidor.

- Verdadero
- Falso

**2. El denominado método de contribución marginal para la imposición de un precio indica que...**

    a. ... a mayor venta, mayor beneficio.
    b. ... a mayor venta, menor beneficio.
    c. ... a menor venta, mayor beneficio.
    d. Todas las opciones son incorrectas.

**3. El margen bruto es el resultado de...**

    a. ... la suma de los ingresos y los costes variables.
    b. ... la diferencia entre ingresos y costes variables.
    c. ... el producto obtenido mediante la multiplicación de los ingresos y los costes variables.
    d. ... la suma de los ingresos y los costes totales.

**4. Identifica cuál o cuáles de los siguientes gastos formarían parte de los costes indirectos en un restaurante:**

    a. El consumo eléctrico.
    b. El consumo de agua.
    c. El gasto en personal.
    d. La compra de materias primas.

**5. Según el volumen de producción, los costes variables pueden ser proporcionales, progresivos y degresivos, siendo un ejemplo de este último:**

    a. El coste de luz y gas.
    b. El coste de horas extras del personal.
    c. El coste de las materias primas.
    d. Todas las opciones son incorrectas.

**6. Indica si las siguientes premisas relacionadas con la imposición de los costes en las empresas de restauración son verdaderas o falsas:**

    a. Se debe obtener siempre la máxima rentabilidad a un producto.

        ■ Verdadero
        ■ Falso

    b. Se debe fijar un coste unitario a cada producto.

        ■ Verdadero
        ■ Falso

    c. Se debe realizar una comparativa de precios con los competidores.

        ■ Verdadero
        ■ Falso

    d. Se debe considerar el impacto que tiene el cambio de precio en un producto solo si supone un incremento en su valor.

        ■ Verdadero
        ■ Falso

7. **Respecto al coste total de un plato, las materias primas no deberán suponer más de...**

    a. ... un 15 %.
    b. ... 20-25 %.
    c. ... 30-35 %.
    d. ... 45-50 %.

8. **En cuanto a la organización de un banquete, los costes de personal no deberán suponer más de un...**

    a. ... 20 %.
    b. ... 30 %.
    c. ... 40 %.
    d. ... 50 %.

9. **Un vino cuyo precio de coste ronde los 3,5 € podrá multiplicar su precio para la venta hasta por...**

    a. ... dos veces.
    b. ... tres veces.
    c. ... cuatro veces.
    d. ... cinco veces.

10. **Frente a una competencia directa, ¿cuál o cuáles de las siguientes medidas puedes adoptar para hacerle frente?**

    a. Mediante la implantación de precios bajos.
    b. Ofrecer otro tipo de producto.
    c. Mejorar el producto ofrecido.
    d. Todas las opciones son correctas.

# Aplicación de la ingeniería de menús: popularidad y rentabilidad

## Contenido

## Objetivos

El objetivo general de esta Unidad de Aprendizaje es:

→ Adquirir conocimientos sobre las herramientas de gestión utilizadas en el sector restauración para fijar los precios en las elaboraciones culinarias, así como establecer una técnica de venta correcta.

Los objetivos específicos de esta Unidad de Aprendizaje son:

→ Llevar a cabo la aplicación correcta de la herramienta de gestión denominada menú *engineering*.

→ Realizar los cálculos necesarios para una correcta disposición de precios de la oferta de un restaurante basados en la aplicación de los principios de Omnes.

→ Conocer el rendimiento de un producto.

→ Relacionar la exposición de la oferta del establecimiento con los principios de *neuromarketing*.

# 1. Introducción

El menú *engineering* y los principios de Omnes son herramientas de gestión utilizadas en el sector restauración para fijar los precios en las elaboraciones culinarias. Ten presente que no solo es suficiente conocer el coste de un plato para determinar su posicionamiento en la oferta del establecimiento.

La aplicación de estas herramientas da respuestas a dudas como: ¿por qué una elaboración no es rentable? o ¿qué tengo que hacer para que la oferta de mi establecimiento tenga la demanda esperada?

Debes tener presente que ni todos los platos tienen la misma rentabilidad ni su demanda determinará las mismas ventajas en la gestión del establecimiento. Por ello, es importante esta implantación, así como de técnicas de *neuromarketing,* dirigidas principalmente a la determinación de la disposición en la presentación de la oferta. Dichas técnicas están presentes en la gestión del restaurante AGAR, por lo que expondremos algunos ejemplos para propiciar una mayor practicidad a este contenido.

# 2. Menú *engineering*. Popularidad y rentabilidad de los platos

👉 **HILO CONDUCTOR**

En el restaurante AGAR, el jamón que se sirve está catalogado como jamón de bellota 100 % ibérico. Su precio por 100 g es de 28 €. Este producto es muy popular por su calidad, pero su precio hace que no sea muy demandado, lo que supone incluso un coste mayor propiciado por las mermas relacionadas con su conservación. Sin realizar ningún estudio al respecto, el *maître* ha considerado eliminarlo de la oferta del establecimiento, hecho que no ha gustado a muchos de los clientes habituales, lo que ha propiciado un descenso en las ventas generales del restaurante.

Este método se aplica para analizar y realizar un seguimiento y evaluación de las ventas, así como de su contenido y diseño. A partir de ahí, se podrán tomar decisiones con respecto a qué artículos cambiar, conservar o eliminar.

Para llevar a cabo este método, se debe seguir un control riguroso de las ventas y costes del establecimiento, basándose en los siguientes procedimientos:

- Análisis de los componentes de la oferta.

- Estudio del índice de popularidad de cada artículo en relación al total.

- Clasificación de los productos en cuatro categorías.

- Decisiones con respecto al contenido de la oferta.

Este método tiene como objetivo principal conseguir que la oferta aporte el **máximo beneficio** posible y que, a la vez, sea **atractiva.**

Por ello, se trata de relacionar el índice de popularidad de cada producto con el porcentaje de margen bruto que produce, obteniendo resultados que se plasmarán en un gráfico, a partir del cual se interpretarán los resultados y se actuará según la situación.

Para el desarrollo de este estudio es necesario llevar a cabo una serie de cálculos, dando a conocer datos relacionados con el margen de beneficio o el porcentaje correspondiente con el margen de beneficio, empleándose las siguientes fórmulas:

**Margen bruto** = PVP – Coste de materia prima

**% margen bruto** = Margen bruto × 100 / PVP

Otro de los datos que hay que calcular se corresponde con el **índice de popularidad** de un artículo, para lo que es necesario el empleo de la siguiente fórmula:

> **Índice de popularidad** = Índice de ventas / Índice de presentación
>
> **Índice de ventas** = N.º de unidades vendidas de un producto / N.º total de productos vendidos
>
> **Índice de presentación** = N.º de veces que se presenta un producto / N.º total de presentaciones de todos los productos

Conociendo el margen bruto de explotación y el índice de popularidad de un producto, se asigna un valor a cada producto y así se obtienen cuatro tipos de productos distintos denominados **producto perro, vaca, estrella** y **enigma o puzle.** Cada uno de estos tipos de productos tiene unas características diferentes, con lo cual las acciones a emprender variarán en función del nivel de popularidad, el beneficio que aportan, etc.

Las características de cada uno de los tipos de productos citados anteriormente son:

- **Producto perro:** es aquel cuyo índice de popularidad y margen bruto de explotación son bajos, lo que significa que el producto hace perder dinero al establecimiento. En caso de tener en la oferta un producto de este tipo, se podrán llevar a cabo las siguientes acciones:

  - Eliminar ese producto de la carta.
  - Aumentar el precio de venta y obtener por lo menos un margen bruto de explotación más alto.
  - No reflejarlo en la oferta, pero, si es posible, mantener los componentes necesarios para realizarlo en el caso de que lo demandara un cliente importante o habitual.

- **Producto puzle o enigma:** son productos poco populares pero que tienen un margen bruto alto. Si se tienen productos de este tipo, se procederá de la siguiente manera:

  - Eliminar el producto de la oferta, sobre todo si su índice de popularidad es muy bajo, requiere mucho trabajo, tiene un tiempo de conservación corto y no contribuye a fortalecer la imagen del establecimiento.
  - Posicionar el producto en un sitio más atractivo de la carta.
  - Cambiar el nombre del producto.
  - Bajar el precio de venta.

◒ Intentar aumentar la venta por medio del *merchandising,* mejorar la presentación visual, recomendaciones, etc.

◒ Limitar el número total de productos puzle en el menú.

⊃ **Producto vaca:** estos productos atraen a menudo a los clientes por su precio asequible y, por tanto, pueden suponer una fuente sólida de ingresos para el establecimiento. Con este tipo de productos se llevarán a cabo las siguientes acciones:

◒ Intentar subir el precio, permitiendo maximizar el bruto de explotación.

◒ Posicionarlos en sitios no específicos de la oferta.

◒ Intentar componer el producto con materia prima no demasiado costosa y controlar los costes estrictamente.

◒ Posibilidad de reducir las porciones o cantidades sin que llegue a tener influencia importante en la demanda.

◒ Si el coste de mano de obra resulta demasiado alto, aumentar el precio de venta o suspender el producto.

⊃ **Producto estrella:** son productos que suponen un margen bruto de explotación alto y a la vez tienen un índice de popularidad elevado. Estos contribuyen en gran medida a la fama del establecimiento. Con ellos se procederá de la siguiente manera:

◒ Mantener unas normas rígidas de calidad, presentación y servicio; no confiarse.

◒ Posicionar el producto en un lugar atractivo de la oferta.

◒ Intentar subir el precio, prestando atención en que no decrezca la venta.

 **RECUERDA**

| Margen bruto de explotación | Índice de popularidad | Tipo de producto |
|---|---|---|
| Bajo | Bajo | Perro |
| Alto | Bajo | Puzle |

*Continúa en página siguiente >>*

*<< Viene de página anterior*

| Margen bruto de explotación | Índice de popularidad | Tipo de producto |
|---|---|---|
| Bajo | Alto | Vaca |
| Alto | Alto | Estrella |

Para calcular el porcentaje de margen bruto de explotación, se aplicará la siguiente fórmula:

> % margen bruto de explotación = Margen bruto de explotación × 100 / Precio venta al público

A continuación mostramos un ejemplo práctico del estudio del **menú engineering** de una gama de productos, aplicando las fórmulas necesarias anteriormente expuestas para calcular el índice de popularidad, así como el porcentaje de margen bruto de explotación de cada artículo:

| Artículo | PVP | Coste materia prima | Margen bruto | Porcentaje margen bruto | Unidades vendidas | Número de presentaciones | Índice de ventas | Índice de presentaciones | Índice de popularidad |
|---|---|---|---|---|---|---|---|---|---|
| A | 2,20 | 0,60 | 1,60 | 73 % | 1.150 | 300 | 0,10 | 0,15 | 0,67 |
| B | 3,10 | 0,50 | 2,60 | 83 % | 2.900 | 400 | 0,26 | 0,2 | 1,30 |
| C | 2,10 | 0,85 | 1,25 | 59 % | 800 | 150 | 0,07 | 0,07 | 1 |
| D | 3,80 | 090 | 2,90 | 76 % | 1.750 | 300 | 0,157 | 0,15 | 1,10 |
| E | 1,50 | 0,40 | 1,10 | 73 % | 800 | 300 | 0,07 | 0,15 | 0,47 |
| F | 2,30 | 1,30 | 1 | 43 % | 3.200 | 400 | 0,28 | 0,2 | 1,45 |
| G | 1,9 | 1,10 | 1,80 | 42 % | 500 | 150 | 0,40 | 0,07 | 0,57 |
| Total | | | | | 11.100 | 2.000 | | | |

*Los datos en negro deben ser aportados. Los rojos son los obtenidos a través de cálculos exigidos.*

El estudio del menú *engineering* requiere de su reflejo en una **representación gráfica,** en la que se exponen los valores obtenidos en relación al **índice de popularidad** y el **porcentaje de margen bruto.** Esta representación permite clasificar los platos, teniéndose como gráfica representativa la siguiente:

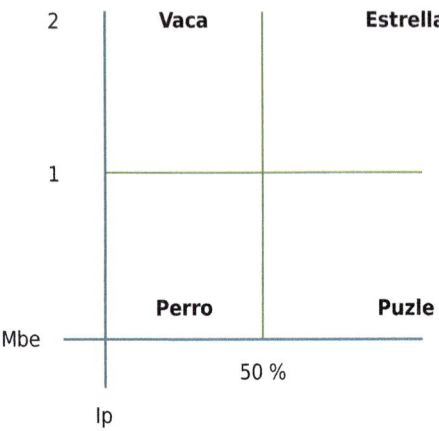

Representación gráfica de menú engineering

Según el ejemplo expuesto, y haciendo uso de la gráfica presentada, los valores representativos y el informe dado ofrece los siguientes datos:

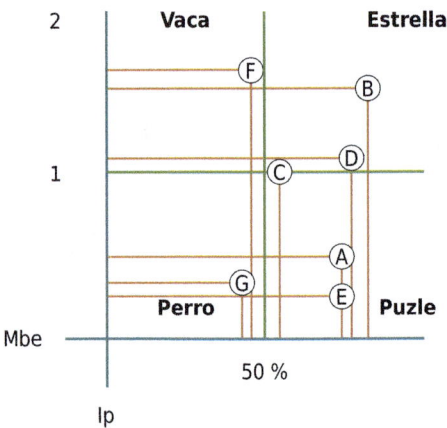

A partir de estos resultados se procederá de la manera más adecuada para cada tipo de producto: vaca, perro, puzle o estrella.

**PARA SABER MÁS**

Pulsa en el siguiente enlace para acceder a la página de Eloy Rodríguez en la que ofrece información sobre la metodología o herramienta denominada menú *engineering*.

https://redirectoronline.com/hotr025po0501

 **APLICACIÓN PRÁCTICA**

**Los responsables de los Departamentos de Sala y Cocina del restaurante AGAR han recopilado los siguientes datos, pertenecientes a la oferta gastronómica del establecimiento:**

| Artículo | PVP | Coste materia prima | Unidades vendidas | Número de presentaciones |
|---|---|---|---|---|
| Elaboración R | 3,80 | 0,90 | 1.750 | 300 |
| Elaboración S | 2,30 | 1,30 | 3.200 | 400 |
| Elaboración P | 1,90 | 1,10 | 500 | 150 |
| Elaboración X | 2,20 | 0,60 | 1.150 | 300 |

**¿Sabrías catalogar cada una de las elaboraciones haciendo uso de la representación gráfica del menú *engineering*?**

*Continúa en página siguiente >>*

*<< Viene de página anterior*

**Solución**

| | |
|---|---|
| Plato vaca | Elaboración S |
| Plato estrella | Elaboración R |
| Plato perro | Elaboración P |
| Plato puzle | Elaboración X |

Los datos facilitados permiten el cálculo del margen bruto, así como su porcentaje, el índice de ventas y el índice de presentación, lo que a su vez facilita el índice de popularidad, que será, junto con el porcentaje de margen bruto, los datos a representar.

## TAREA 11

Ayudándote de los siguientes datos, aplica de forma correcta la metodología de gestión denominada menú *engineering,* y establece a qué gama pertenece cada uno de los platos propuestos.

A su vez, indica qué debes hacer con el producto en pro de una correcta gestión. Justifica tu respuesta.

| Artículo | PVP | Coste materia prima | Margen bruto | Porcentaje margen bruto | Unidades vendidas | Número de presentaciones | Índice de ventas | Índice de presentaciones | Índice de popularidad |
|---|---|---|---|---|---|---|---|---|---|
| A | 2,80 | 0,70 | | | 1.200 | 315 | | | |
| B | 3,15 | 0,56 | | | 2.950 | 380 | | | |
| C | 2,22 | 0,63 | | | 880 | 120 | | | |

*Continúa en página siguiente >>*

*<< Viene de página anterior*

| Artículo | PVP | Coste materia prima | Margen bruto | Porcentaje margen bruto | Unidades vendidas | Número de presentaciones | Índice de ventas | Índice de presentaciones | Índice de popularidad |
|---|---|---|---|---|---|---|---|---|---|
| D | 3,90 | 094 | | | 1.725 | 290 | | | |
| E | 1,60 | 0,40 | | | 780 | 310 | | | |

# 3. Principios de Omnes

☞ **HILO CONDUCTOR**

La aplicación de los principios de Omnes en la oferta del restaurante AGAR ha permitido rentabilizar aquellas elaboraciones que previamente habían sido catalogadas como platos estrella por el estudio del menú *engineering*.

De esta forma, los precios establecidos giran en torno a dichos platos, intentando respetar en todo momento los cuatro principios de Omnes, delimitándose de forma correcta cada una de las gamas.

Es posible realizar una **aproximación comercial** para la evaluación de los precios de la carta, siempre teniendo en cuenta la oferta, la demanda y la competencia. Para que esta evaluación comercial tenga valor, debe ir unida a ciertas exigencias económicas que garanticen la rentabilidad del negocio.

Por ello, el precio debe estar en **equilibrio** entre los parámetros comerciales y económicos.

A través de los principios de Omnes, no se fijarán los precios de una oferta, sino que se establecerán categorías de artículos de cada gama de productos. Por eso resulta necesario clasificarlos en grupos homogéneos.

 **DEFINICIÓN**

**Gama**

División de la oferta en categorías o grupos homogéneos.

------------------------------------------

La aplicación de los principios de Omnes diferencia **cuatro principios.**

El **principio 1** trata sobre la **dispersión de los precios de una gama,** es decir, colocar los precios de los artículos en el interior de una gama.

Se divide el número de artículos de cada gama en tres partes iguales, según su precio: bajo, medio y alto. El número de artículos comprendidos en el grupo medio de precios debe ser igual o superior a la suma de los comprendidos en el grupo bajo y alto.

 **EJEMPLO**

La gama de productos con base de carne incluye 10 artículos y sus precios oscilan entre 0,70 €, el más bajo, y 4 €, el más caro, con la siguiente dispersión:

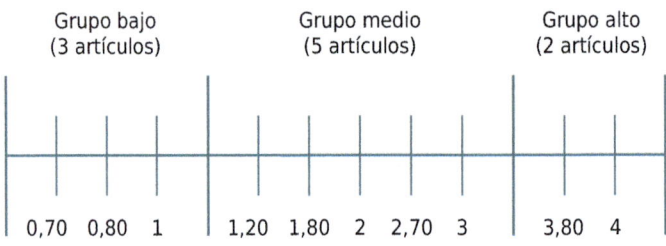

------------------------------------------

El **principio 2** principio se centra en la **amplitud de la gama,** es decir, en la diferencia que existe entre el precio más alto y el más bajo.

La diferencia entre estos precios no debe ser superior a 2,5 o 3 (en el caso de gamas con más de 9 artículos). Se calcula dividiendo el precio mayor entre el menor y, como decimos, el cociente debe estar situado entre 2,5 y 3.

> Precio más alto / Precio más bajo = 2,5 o 3

Dicho principio evita una gran diversidad de precios, que provocaría atraer a un público poco definido y muy disperso.

El **principio 3** analiza la **relación demanda/oferta o calidad/precio.** Una correcta relación de los precios medios ofertados y precios medios demandados se situará entre 0,9 y 1.

> Precio medio demandado / Precio medio ofertado ≤ 1

Para realizar este análisis será necesario calcular cuál es el precio medio ofertado y demandado:

> Precio medio demandado = Cifra de negocios / Cantidad vendida
> Precio medio ofertado = Total precios venta / N.º de artículos

Un rango comprendido entre 0,9 y 1 sería adecuado. Un resultado menor a 0,9 indica que al cliente le parece cara la oferta y eso le lleva a consumir los productos más económicos. Sin embargo, un resultado superior a 1 informa de que existe margen suficiente para incrementar los precios.

El **principio 4** trata sobre las **promociones o sugerencias.** Estas promociones consisten en colocar en lugares estratégicos de la carta o del establecimiento los productos que más interesa vender y que potencien la imagen del negocio. Los precios deberán encontrarse dentro de la media.

 **RECUERDA**

Los principios de Omnes son cuatro y tratan sobre la dispersión de los precios de una gama, la amplitud de una gama, la relación oferta/demanda y calidad/precio, y las promociones o sugerencias.

- - - - - - - - - - - - - - - - - - - - - - - - - - - - - - - - - - - - - -

 **TAREA 12**

La carta del restaurante AGAR presenta los siguientes precios en la gama de coctelería:

| A 9,10 | B 3,50 | C 5,80 | D 9,20 | F 1,70 |
|---|---|---|---|---|
| G 10 | H 4,50 | J 4,80 | K 1,50 | L 2,50 |

¿Sabrías indicar de forma justificada si se cumplen los principios de Omnes en esta gama de productos?

----------------------------------------

# 4. Escandallo o rendimiento de un producto

## 👉 HILO CONDUCTOR

El tamaño de un mismo producto afectará de forma evidente en su rendimiento. Así, mientras que 1 kg de patatas de gran tamaño puede presentar una merma durante su pelado del 3-5 % aproximadamente, para unas patatas de pequeño tamaño *(baby)*, su merma puede llegar a ser incluso de 30-35 %. Por tanto, ante el rendimiento de un producto, siempre habrá que considerar no solo el tipo de producto, sino también su formato.

Por ello, una de las exigencias del restaurante AGAR para sus proveedores se centra en la calidad y precio del producto, pero también en parámetros referidos a los calibres que suministrar.

----------------------------------------

El **escandallo** es la herramienta básica utilizada en la gestión de restauración, representada por los **documentos** empleados para reflejar **la merma y rendimiento de un producto** en función de los procesos derivados de su transformación. Así, el escandallo permite analizar todo el proceso productivo, dando a conocer los costes y, por tanto, una estimación del precio y beneficio.

Con el escandallo de un producto podemos obtener el precio final de los subproductos obtenidos, así como su peso y calidades, diferenciando de primera mano entre el peso bruto de un producto y su peso neto (esto es, el producto obtenido 100 % comestible).

Te lo mostramos en el siguiente ejemplo:

 **EJEMPLO**

| Diferencia entre peso bruto y peso neto | | |
|---|---|---|
| 8 kg | 6,360 kg | 1,259 |
| Peso bruto | Peso neto | Factor de rendimiento |

El escandallo permite identificar y reflejar el peso bruto, peso neto, mermas, etc. Es importante reconocer dichos **conceptos:**

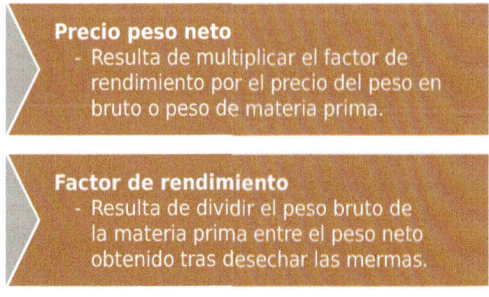

**Precio peso neto**
- Resulta de multiplicar el factor de rendimiento por el precio del peso en bruto o peso de materia prima.

**Factor de rendimiento**
- Resulta de dividir el peso bruto de la materia prima entre el peso neto obtenido tras desechar las mermas.

*Continúa en página siguiente >>*

*<< Viene de página anterior*

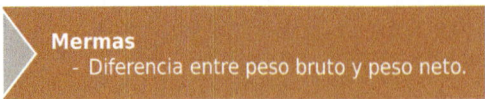

Por tanto, el escandallo es **la representación más completa del coste de un producto o plato, teniendo solamente en cuenta las materias primas empleadas en la elaboración.**

## 4.1. Realización del escandallo

Para afrontar la realización de un escandallo, se debe contar con la **ficha técnica del plato.** Este documento permitirá conocer el gramaje exacto para la correcta elaboración del plato, el número de raciones obtenidas, el procedimiento de elaboración (técnicas de cocinado, pelado, racionado, tiempo de elaboración...), así como indicaciones sobre dificultad, tipo de servicio, estacionalidad, imagen o idea de presentación, valor nutricional, etc., y la identificación de alérgenos, entre otros datos. En la siguiente imagen mostramos un ejemplo de ficha técnica de un plato:

| FICHA TÉCNICA ELABORACIÓN CULINARIA | Ficha número: |
|---|---|
| Identificación: | N.º de *pack:* |

Ejemplo de
presentación

| Ingredientes | Método de elaboración |
|---|---|
| | |

| Alérgenos |
|---|
| |

| Información nutricional | Otros datos |
|---|---|
| | |

*Ejemplo de diseño de ficha técnica*

La ficha técnica servirá de guía para elaborar el escandallo. Los **datos** más importantes que debe reflejar son:

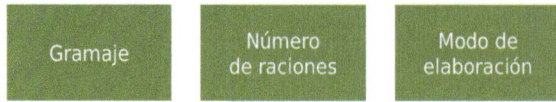

Conocidos estos datos, el análisis del peso neto o test de rendimiento es el segundo paso. En este caso el modo o método de elaboración es muy importante, ya que un mayor o menor aprovechamiento de los ingredientes influirá de forma directa, por lo que se deberán estandarizar. Al mismo tiempo, es importante recordar que la calidad y características de la materia prima utilizada también afectarán a dicho cálculo, así que se deberán homogeneizar lo máximo posible.

Por tanto, la hoja de escandallo se obtendrá del estudio y evaluación de la ficha técnica del plato y el análisis del rendimiento de los productos utilizados.

Un ejemplo de hoja de escandallo puede ser el siguiente. Hay que tener presente que los pesos presentados serán netos, así como el valor de su precio, datos ya obtenidos de la elaboración previa de la ficha técnica y el análisis de rendimientos.

| HOJA DE ESCANDALLO | | Hoja n.º: | |
|---|---|---|---|
| Identificación: | | | |
| N.º de raciones: | | Peso kg ración: | |
| Materias primas | Cantidad kg | Precio €/kg | Precio €/kg |
| | | | |
| | | | |
| | | | |
| | | | |
| | | | |
| | | | |
| | | | |
| | | | |
| | | | |
| | | | |
| | | | |
| | | | |
| | | | |
| | | | |
| | | | |
| | | | |

| Peso total | | Coste total | |
|---|---|---|---|

| Cálculos | | |
|---|---|---|
| Coste preparación | % | |
| Margen bruto de explotación | % | |
| Precio de venta teórico | % | |
| Precio de venta real | % | |
| IVA | % | |

| | | |
|---|---|---|
| PV real + IVA | | |
| Precio final redondeado | | |

*Ejemplo de hoja de escandallo*

 **IMPORTANTE**

Para complementar los datos de la hoja de escandallo, además se deben establecer los porcentajes relacionados con los costes de preparación con respecto al precio de venta teórico y, por tanto, el margen bruto de explotación. Se ofrece así el precio de venta teórico, que se corresponde con la siguiente formulación:

> 100 × Margen bruto de explotación calculado /
> % margen bruto de explotació

El **coste total del plato** será la suma de los costes de materia prima, por lo que, dividiéndose por el número de raciones, ofrecerá el coste unitario o coste por ración.

| HOJA DE ESCANDALLO | | Hoja n.º: | |
|---|---|---|---|

| Identificación: | GAZPACHO ANDALUZ |
|---|---|

| N.º de raciones: 6 | Peso kg ración: 240g |
|---|---|

| Materias primas | Cantidad kg | Precio €/kg | Precio €/kg |
|---|---|---|---|
| Tomate | 0.800 | 1.80 | 1.44 |
| Pepino | 0.100 | 0.90 | 0.09 |
| Cebolla | 0.100 | 0.75 | 0.07 |
| Ajo | 0.010 | 2.89 | 0.02 |
| Aceite de oliva | 0.075 | 3.45 | 0.25 |
| Pan | 0.100 | 2.10 | 0.21 |
| Agua | 0.250 | 0.15 | 0.03 |
| | | | |
| | | | |
| | | | |
| | | | |
| | | | |
| | | | |
| | | | |

| Peso total | 1435 | Coste total | 2.11 |
|---|---|---|---|

| Cálculos | | |
|---|---|---|
| Coste preparación | 35 % | 0.73 |
| Margen bruto de explotación | 65 % | 1.37 |
| Precio de venta teórico | 100 % | 1.37 |
| Precio de venta real | 150 % | 2.05 |
| IVA | 21 % | 0.43 |

| PV real + IVA | 2.48 |
|---|---|
| Precio final redondeado | 2.50 |

**PARA SABER MÁS**

Accede al siguiente enlace procurado por Caixa Bank LAB en el que se ofrecen plantillas para gestionar un restaurante. Entre estas plantillas, se incluye la plantilla de escandallo.

https://redirectoronline.com/hotr025po0502

 **TAREA 13**

Hoy se ha comprado un mero con un peso total de 5.300 g, pagando por él 110 €.

Tras su limpieza se ha obtenido un peso total de 3.450 g.

Para su venta se ha racionado en porciones de 150 g, estimando un precio a cada ración de 4,50 €.

¿Se ha procedido de forma adecuada? Justifica tu respuesta.

 **ACTIVIDAD COMPLEMENTARIA**

7. La rentabilidad de un producto en ocasiones hace que su demanda sea muy baja. Esto es muy habitual en la oferta de los establecimientos con estrellas Michelin o de alta gama, en los que el coste de materia prima, sumado a las exigencias de personal y menaje, hacen que el número de clientes se vea muy reducido.

*Continúa en página siguiente >>*

*<< Viene de página anterior*

Para rentabilizar estas propuestas, casi prohibitivas, muchos de los afamados restaurantes abren negocios paralelos.

Haciendo uso de fuentes de internet o publicaciones especializadas, busca algunos ejemplos de los medios utilizados por algunos de los establecimientos más emblemáticos que propician su viabilidad.

## 5. *Neuromarketing*

 **HILO CONDUCTOR**

Esta Navidad, en el restaurante AGAR se ha lanzado una campaña publicitaria vinculada a las empresas de la zona. Esta campaña se basa en técnicas de *neuromarketing* en las que se ha dado especial importancia al vínculo del restaurante con las empresas de la zona a lo largo de los años.

En el anuncio se pueden identificar desde antiguos integrantes de las empresas hasta los actuales, incluyéndose una simulación de cómo evolucionarán a lo largo de los años, donde pueden verse con niños pequeños, familia, etc.

Esta campaña está teniendo muy buena aceptación, pues vincula al establecimiento con la vida empresarial de la zona, así como con las familias, haciéndoles partícipes de los éxitos venideros.

El *neuromarketing* trata de vincular a los consumidores o usuarios con nuestra oferta de manera afectiva haciendo uso de las emociones, en las que se persigue un **vínculo marca-público.** El *neuromarketing* es una ciencia vinculada con el *marketing* emocional que pretende diseñar estrategias en las que tiene un especial interés el subconsciente del consumidor.

Como indica Jürgen Klaric, uno de los referentes de esta disciplina a nivel mundial, el *neuromarketing* trata de "vender sin vender". Ahora se persigue vender emociones y sensaciones, y no el producto en sí. De este modo, en restauración el *marketing* emocional se basa en técnicas que giran en torno a venta de felicidad y momentos entre amigos, sofisticación o lujo, etc., o un compendio de todo ello. No obstante, es importante centrar nuestra estrategia, por lo que se considera fundamental:

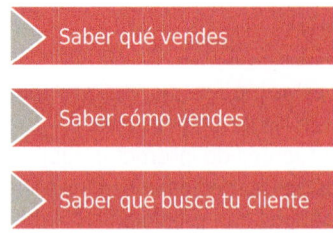

Saber qué vendes

Saber cómo vendes

Saber qué busca tu cliente

 **NOTA**

Se estima que hasta el 85 % de las decisiones tomadas se producen de forma subconsciente.

## 5.1. Implantación del *neuromarketing en tu restaurante*

Sabiendo qué vendes, cómo lo vendes y qué busca tu cliente, o cuál es el *target* de clientes al que te diriges, es importante determinar qué estrategia has de implantar para conseguir que tu producto o servicio lidere o siga liderando la oferta de tu micro o macroentorno, así como qué medidas tomar para liderar sobre tu competencia directa o indirecta.

Elementos como la carta del establecimiento, incluso la decoración o la uniformidad del personal de servicio, pueden verse relacionados con dicha implantación. Algunos de ellos pueden ser los siguientes:

**Decoración**
- Tu restaurante debe presentar una decoración acorde con el producto y técnica de servicio empleada. Ten presente que la primera imagen es muy importante para la creación de una opinión del consumidor, y el uso estratégico de colores, formas o incluso distribución puede afectar en la toma de decisiones del cliente.

*Continúa en página siguiente >>*

*<< Viene de página anterior*

**Ambientación**
- El hilo musical o el nivel de luz empleado influirán de forma directa en el cliente y, por tanto, es otro de los motores de venta que hay que estudiar. Este principio incluso puede ser cambiante en un mismo establecimiento dependiendo de la hora de servicio o tipo de celebración.
- Otro aspecto importante relacionado con la ambientación se refiere al olor, una herramienta subjetiva muy utilizada. Así, el olor a parrilla, a pan recién hecho... son elementos que pueden despertar el apetito.

**Uniformidad**
- La uniformidad del personal también es utilizada para inducir en el cliente una opinión subjetiva relacionada con el nivel económico del establecimiento, su oferta o incluso categoría.

**Clientes**
- Los clientes también forman parte de la imagen de la empresa. Ten presente que el perfil de los clientes en tu establecimiento forma parte de la imagen de la empresa, y su vestimenta, su forma de actuar, etc., determinarán la decisión de otros clientes.

**Oferta gastronómica**
- Toda oferta gastronómica ofrece de forma secundaria una opinión subjetiva, pudiendo evocar recuerdos, vivencias, etc., lo que la puede convertir en un arma muy potente.

**Personal**
- En aquellos establecimientos en los que su personal goza de una afamada reputación o prestigio, simplemente su nombre ya transmite confianza, fiabilidad, etc. Así, de forma subjetiva ya vamos predispuestos a aceptar como bueno lo que nos van a servir.
- Este principio puede llegar a ser un arma de doble filo, ya que si las expectativas son muy altas, puede producir la decepción del comensal, volviéndose en contra nuestra.

## NOTA

La denominada cocina tecnoemocional es un claro ejemplo de implantación de técnicas de *neuromarketing,* que persigue "nutrir emocionalmente" al comensal mediante un estímulo en el que se unifica tanto el alimento servido como la metodología seleccionada para ello, sin olvidar la ambientación utilizada.

## PARA SABER MÁS

Accede a los siguientes enlaces en los que se describe de forma bastante detallada el concepto relacionado con cocina tecnoemocional, así como un vídeo en el que Ferran Adrià explica cómo utiliza el *neuromarketing* en restauración.

La cocina tecnoemocional. ¿Qué es?

https://redirectoronline.com/hotr025po0503

Comer Conocimiento: documental sobre la obra de Ferran Adrià "Auditando la creatividad"

https://redirectoronline.com/hotr025po0504

### *Neuromarketing* en la carta y dispositivos de exposición de la oferta gastronómica del establecimiento

El orden dado a los platos, el tipo de letra, el formato de la carta y hasta el papel utilizado influirán en la **opinión y visión del cliente.** Recuerda, como ya se indicó, que la carta forma parte prioritaria de la imagen que se quiere dar del establecimiento.

Incluir sugerencias o la exposición de la oferta en elementos como pizarras, espejos o incluso fachada y paredes del establecimiento puede llegar a ser una buena opción, siempre que la ambientación y decoración del local así lo permitan.

*El uso de pizarras o paneles informativos es un buen elemento para facilitar la elección del cliente, permitiendo además ofertar lo que más nos urge vender o más rentabilidad nos aporta.*

## *Neuromarketing* en las plataformas digitales

Una **adecuada presencia en la red** es fundamental para la imagen del establecimiento, lo que implica una actualización constante de nuestra marca. Ten presente que, en la actualidad, la web es el mayor escaparate de nuestro establecimiento, y no solo por la información que ofrecemos, sino también por la imagen que transmiten nuestros clientes sobre nosotros.

La web se convierte en nuestra carta de presentación, siendo una de las herramientas más eficaces en la actualidad dada la infinidad de variantes que permite su diseño y ejecución.

Dentro de las posibilidades de la web, un motor fundamental que contemplar es el que ofrecen las **redes sociales,** ya que fomentará nuestra visualización. No obstante, ten presente que debes cuidar tanto los perfiles que generes como las páginas secundarias en las que te incluyas, ya que todo ello afectará de forma directa a la opinión del consumidor.

*Un precio inadecuado, un error en el horario o una simple mala elección en las imágenes, gráficos o fuentes afectarán a su posible aceptación por parte del cliente o futuro cliente.*

## IMPORTANTE

La opinión negativa de un solo cliente a través de la web incidirá directamente sobre el número de posibles nuevos clientes, así como la reiteración de aquellos clientes que ya eran de nuestra confianza.

Ten en cuenta que incluso existen portales en los que el cliente puede contribuir en el perfil de un establecimiento, basándose en las opiniones de otros muchos comensales.

---

## TAREA 14

Se ha pensado abrir un nuevo establecimiento de comida rápida como complemento de la oferta del restaurante AGAR. Este consistirá en el servicio de tapas, bocadillos, emparedados, sándwiches, etc., todo ello asociado a un público joven y de bajo nivel económico.

No se ha escatimado en gastos, y han creado una web muy elitista. Además, el mobiliario adquirido es de diseño y alta gama, al igual que la mantelería, la cubertería, etc.

*Continúa en página siguiente >>*

<< *Viene de página anterior*

¿Crees que con las decisiones tomadas se ha actuado de forma correcta para contribuir con los principios establecidos por los estudios de *neuromarketing*? ¿Qué incidencia tendrá sobre el público objetivo al que se dirige la oferta? Justifica tu respuesta.

---

## 6. Resumen

Para obtener la máxima rentabilidad de nuestra oferta gastronómica es importante la aplicación de técnicas basadas en el estudio analítico de las ventas. En el sector restauración destacan:

- ⊃ **Menú *engineering*:** permite analizar y realizar un seguimiento y evaluación de las ventas, así como el contenido y diseño de la oferta.
- ⊃ **Principios de Omnes:** permite una evaluación de los precios de la carta, teniendo presente la oferta, la demanda y la competencia.

Para conocer la merma y rendimiento de un producto es necesario escandallarlo. El escandallo es una herramienta básica que además permite analizar el proceso productivo, dando a conocer los costes y, por tanto, una estimación del precio y su beneficio.

De entre los datos más importantes del escandallo, es posible destacar:

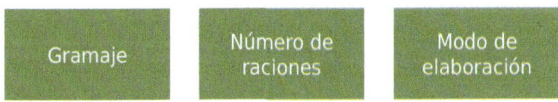

En la actualidad, los nuevos sistemas de venta y las corrientes gastronómicas inspiran otros métodos de ventas, como puede ser el basado en los estudios de *neuromarketing,* por el que se trata de vincular a los consumidores con nuestra oferta de manera afectiva, buscando que el producto o servicio lidere o siga liderando la oferta de nuestro micro y macroentorno, aportando sensaciones en el subconsciente para que este sea el responsable de la toma de decisiones.

# Ejercicios de autoevaluación
# Unidad de Aprendizaje 5

**1. Indica si las siguientes afirmaciones son verdaderas o falsas:**

    a. El menú *engineering* se utiliza para calcular la merma de un producto.

- ■ Verdadero
- ■ Falso

    b. Los principios de Omnes son cinco.

- ■ Verdadero
- ■ Falso

    c. El menú *engineering* categoriza a los productos en cuatro categorías.

- ■ Verdadero
- ■ Falso

**2. La implantación del menú *engineering* pretende...**

    a. ... obtener el máximo beneficio.
    b. ... conseguir una oferta atractiva.
    c. ... reducir costes.
    d. Las opciones a y b son correctas.

**3. El margen bruto se obtiene de...**

    a. ... la suma del PVP y el coste de materia prima.
    b. ... la división del coste de materia prima × 100 / PVP.
    c. ... la diferencia entre el PVP y el coste de materia prima.
    d. ... multiplicar el porcentaje del coste de materia prima y el PVP.

**4. El índice de popularidad se obtiene de...**

    a. ... restar al índice de ventas el porcentaje de coste.
    b. ... dividir el índice de ventas entre el índice de presentación.

c. ... multiplicar el índice de presentación por el número total de presentaciones.

d. Todas las opciones son incorrectas.

5. **Si durante tu estudio del menú *engineering* obtienes como resultado un producto perro, ¿cuál o cuáles de las siguientes premisas debes imponer?**

a. Posicionar este producto en la carta dándole un lugar más destacado.

b. Eliminar este producto de la carta.

c. Bajar su precio de venta.

d. Aumentar su precio de venta.

6. **Un producto estrella...**

a. ... aunque tiene un índice de popularidad alto, su margen de explotación es bajo.

b. ... presenta un alto índice de popularidad y margen bruto de explotación.

c. ... tiene un bajo índice de popularidad, aunque un margen bruto de explotación muy alto.

d. ... debe ser posicionado en la carta, ya que su rentabilidad es baja.

7. **Un producto que presenta un índice de popularidad de 1,35 y un porcentaje de margen bruto del 42 % se catalogará como:**

a. Producto perro

b. Producto vaca

c. Producto estrella

d. Producto puzle

8. **Según el segundo principio de Omnes, la amplitud de gama existente entre el precio más alto y más bajo debe estar comprendido entre...**

a. ... 2,5 y 3.

b. ... 1 y 1,50.

c. ... 2,5 y 5.

d. ... 5,5 y 9,5.

**9. Identifica qué elementos afectan a la implantación de técnicas de *neuromarketing* para tu establecimiento:**

    a. La decoración y ambientación.
    b. La uniformidad y oferta gastronómica.
    c. Los clientes, el personal y la decoración.
    d. Todas las opciones son correctas.

**10. Indica si las siguientes afirmaciones son verdaderas o falsas:**

    a. El *neuromarketing* vincula al consumidor con una oferta gastronómica de manera afectiva.

        ■ Verdadero
        ■ Falso

    b. El orden dado en los platos presentados en la carta, el tipo de letra, el formato de la carta y hasta el personal de servicio podrá afectar a la elección del personal.

        ■ Verdadero
        ■ Falso

# Glosario

**Afterwork**
Literalmente, "después del trabajo". Oferta que, aunque relacionada con hábitos anglosajones, cada vez está más extendida y que cubre las salidas llevadas a cabo después del trabajo.

**Ágape**
Comida multitudinaria en la que se celebra un acontecimiento.

**Añada**
Cosecha de cada año.

**Barista**
Persona especializada en la preparación de café.

**Cliente asiduo**
Cliente frecuente.

**Cocina Nikkei**
Fusión de cocina peruana y japonesa.

**Cocina tecnoemocional**
Tipo de gastronomía que busca emociones y placer intelectual de los comensales.

**Cocina Tex-Mex**
Fusión de cocina tejana y mexicana.

**Controversia**
Disputa de opiniones contrapuestas entre dos o más individuos.

**Convenience food**
Alimentos preelaborados y elaborados que requieren una mínima manipulación por parte del empleado.

**Coste**
Conjunto de gastos asociados a la producción de bienes o servicios.

**Declive**
Que va a menos. En un producto, se puede indicar que pierde propiedades que le eran otorgadas.

**Degüelle**
Acción por la que se elimina el sedimento en los cavas y champanes generado durante su segunda fermentación.

**Demografía**
Estudio estadístico referido al colectivo humano, en un momento determinado o su evolución.

**Escanciar**
Servir vino u otra bebida, sobre todo sidra.

**Evento lúdico**
Evento relacionado con el juego.

**Fast food**
Literalmente, "comida rápida". Referido a establecimientos orientados en el servicio de este tipo de oferta gastronómica.

**Gama**
División de la oferta en categorías o grupos homogéneos.

**Homogéneo**
Que tiene características iguales o presenta una composición y estructura uniforme.

**Insumo**
Conjunto de elementos (por ejemplo, ingredientes) que se integran para formar parte de la producción de otros bienes.

**Maridar**
Enlazar dos elementos de distinta naturaleza complementándose entre sí.

**Merchandising**
Conjunto de productos relacionados con la promoción de un producto.

**Merma**
Parte retirada de un producto que, aunque consumible, es secundaria.

**Peso bruto**
Peso total, incluyendo la merma.

**Peso neto**
Peso en el que no se incluye el bruto.

**Pipirrana**
Preparación culinaria basada en el uso de pepino y tomate principalmente aderezada de aceite, vinagre...

**Sumiller**
Persona encargada del vino y los licores de un establecimiento gastronómico. Es responsable de la gestión de la bodega, la organización de la cava...

**Supraautonómica**
Referido al vino, indicación dada a aquellas denominaciones cuyo ámbito de producción y elaboración incluye dos o más comunidades autónomas.

***Target***
Conjunto de personas con objetivos e intereses similares.

**Tríptico**
Libro, documento... dividido en tres partes.

# Bibliografía

## Monografías

→ CARO Sánchez-Lafuente, *A.: Gestión de la restauración.* Antequera: IC Editorial, 2019.

Este manual de especialidad formativa brinda información sobre los distintos servicios y organizaciones en el ámbito de la restauración, como aplicar una correcta planificación de los servicios, así como un control de ingresos y gastos. Finalmente, este manual introduce en el ámbito de las exigencias de seguridad e higiene alimentaria.

→ GALVÁN Alcántara, M.: *Diseño de procesos de servicio en restauración.* Antequera: IC Editorial, 2017.

Este manual desarrolla la planificación de los procesos de *mise en place,* servicio y cierre en restauración, así como las relaciones con otros departamentos y recursos humanos, la elaboración de cartas y fichas técnicas de platos, la organización de servicios especiales y la planificación del protocolo para eventos.

→ MALAGÓN Terrón, E.: *Confección de cartas de vinos, otras bebidas alcohólicas, aguas envasadas y cafés e infusiones.* Antequera: IC Editorial, 2021.

Este manual describe los aspectos generales de las cartas de ofertas de bebidas, desarrollando los elementos de la carta, los factores que influyen en la selección de referencias o los métodos de fijación de precios, tanto de vinos como de otras especialidades como las aguas envasadas, los cafés, tés y otras infusiones.

→ MARTÍNEZ Redondo, F.: *Administración en cocina.* Antequera: IC Editorial, 2017.

Este manual describe los procesos de planificación de producción culinaria, así como las premisas para la correcta gestión presupuestaria de las unidades de producción, la evaluación de costes, productividad y análisis económico en las unidades de producción culinaria. Al mismo tiempo brinda información sobre los métodos que pueden implantarse en la selección del personal, así como su gestión, describiendo la organización y dirección de los distintos equipos de trabajo, el sistema ICTE, etc.

→ RUIZ Jiménez, E.: *Ofertas gastronómicas.* Antequera: IC Editorial, 2017.

> Este manual ofrece información sobre las fórmulas en la restauración, la clasificación de los establecimientos y sus propuestas culinarias. Recoge los efectos del proceso evolutivo que está sufriendo el sector, así como la asignación de los precios que deben implantarse; todo ello basado en el estudio de la macroeconomía y microeconomía, entre otras áreas.

## Textos electrónicos, bases de datos y programas informáticos

→ Ministerio de Agricultura, Pesca y Alimentación - Disponible en: <https://www.mapa.gob.es/es/>.

> Página web de MAPA, Ministerio de Agricultura, Pesca y Alimentación - desde la cual se ofrece información completa y actualizada sobre las denominaciones de origen e indicaciones geográficas protegidas.

## Legislación y normativa

→ Reglamento (CE) n.º 852/2004 del Parlamento Europeo y del Consejo, de 29 de abril de 2004, relativo a la higiene de los productos alimenticios. Madrid: Boletín Oficial del Estado, 30 de abril de 2004, 139, pp. 1-54. Disponible en: <https://www.boe.es/buscar/doc.php?id=DOUE-L-2004-81035>.